少有父母做的事

做的事

品质培养 成就幸福家庭

李适 著

北京师范大学出版集团
BEIJING NORMAL UNIVERSITY PUBLISHING GROUP
北京师范大学出版社

图书在版编目(CIP)数据

少有父母做的事：品质培养成就幸福家庭/李适著. —北京：北京师范大学出版社，2024.9
ISBN 978-7-303-29921-8

Ⅰ.①少… Ⅱ.①李… Ⅲ.①家庭教育 Ⅳ.①G78

中国国家版本馆 CIP 数据核字(2024)第 103318 号

营销中心电话　010-58808083
家教和科普事业部　010-58806648

SHAOYOU FUMU ZUO DE SHI: PINZHI PEIYANG
CHENGJIU XINGFU JIATING

出版发行：北京师范大学出版社　www.bnupg.com
　　　　　北京市西城区新街口外大街 12-3 号
　　　　　邮政编码：100088
印　　刷：北京天泽润科贸有限公司
经　　销：全国新华书店
开　　本：710 mm×1000 mm　1/16
印　　张：12.5
字　　数：178 千字
版　　次：2024 年 9 月第 1 版
印　　次：2024 年 9 月第 1 次印刷
定　　价：25.00 元

策划编辑：朱前前　　　　　责任编辑：吴纯燕
美术编辑：袁　麟　　　　　装帧设计：尚世视觉
责任校对：包冀萌　　　　　责任印制：李汝星

版权所有　侵权必究
反盗版、侵权举报电话：010-58800697
北京读者服务部电话：010-58808104
外埠邮购电话：010-58808083
本书如有印装质量问题，请与印制管理部联系调换
印制管理部电话：010-58806104

序　言

　　今天的家庭教育正面临着危机。一些年长的父母正为他们曾经只关注成绩和兴趣、忽视品质培养而付出代价：他们已成年的孩子或许能说会道、精于世故，但贪图享乐、急功近利、习惯索取、不愿付出、不在乎别人感受、不懂感恩。而这些父母正在被冷待、厌弃。也许这些父母在事业上很成功，但曾经的辉煌必将随着退休渐渐消逝，而孩子的冷漠无情却如影相随，直至他们生命的最后一息。

　　失败的家庭教育不仅是父母的悲哀，而且很可能成为孩子一生的劫难。在控制型和忽视型父母身边长大的孩子常常会习惯性地讨好别人、习惯性自责，他们易懦弱、自卑，抗挫折能力差，甚至会患上抑郁症等心理或精神疾病。

　　近几年，一些家长会把孩子送去学跆拳道、空手道等搏击类运动，他们认为这样既能让孩子强身健体、增强自卫能力，又能培养孩子的抗挫折能力。虽然这些运动也能培养孩子的品质，但还远远不够。

　　那么，品质培养到底指的是什么？

　　品质培养指培养有助于孩子安身立命和家庭幸福的核心品质，即在父母之爱的温暖里，培养孩子的坚毅、独立、延迟享受、同理心和责任感。一个人想拥有幸福的人生，不仅需要事业的成功，还需要情感和精神的滋养。家庭教育的核心就是品质培养。父母只有培养出孩子的这些品质，才能启动他们奋斗的内驱力，他们才会自觉刻苦地学习，让自己全面成长；才能对父母知恩图报，让自己收获幸福家庭。

笔者虽提倡感恩，但绝非主张愚孝。现在的"80后""90后"正是社会中坚，家庭责任、工作压力已让他们疲于奔命甚至自顾不暇。他们已经很不易，强求他们养老既不现实，也不通情理。

在笔者看来，现代孝道除了子女对父母必要的经济关怀外，还应主要体现在情感关怀方面。如今，居家养老（独立生活）和养老院正逐渐成为现代社会的主要养老方式，相较从前，父母更加需要的是子女的情感关怀。例如，时常看望问候父母的身体情况，带父母去医院做检查，聘请、监督家庭护工以及监督养老院的护工，帮助患有阿尔茨海默病的父母料理财务，等等。情感关怀所需的投入虽不及全面照料老人辛苦，但同样需要付出相当多的时间和精力，更需要子女具备同理心和责任感。

笔者在国内教学10年，在澳大利亚18年，"80后""90后"一直是我的学生主体。作为教师，在中西方近30年的教学经历让我对青少年始终保持着细致的观察。作为学者，中西方教育和文化的差异一直是我的研究领域，特别是在感恩教育方面，我发表了大量的学术作品。

此外，作为家长，我很欣慰自己培养了一个既事业成功又懂感恩的"90后"女儿。我的女儿初三时来到澳大利亚，就读于普通公校，还随我三次转学。后来，她以学年第五名的成绩考入澳大利亚一所名校的精算师专业，现就职于悉尼一家上市金融公司。工作后，她虽与我们分居两地，却常常"飞过来"看望我们。她会给我们带来电动牙刷等各种新潮的东西，还会和她妈妈一起做饭，和我一同整理花园；我们身体稍有点不适，她就买来各种营养品。我们一再阻拦，告诉她不用给我们买东西，不要乱花钱，但都无济于事。她的行为让我们的心中充满温暖，因为我们播下的这粒种子已结出了果实。

本书结合笔者家庭教育的调研成果和自身的育儿经验，依据国际权威的家庭教育理论，从品质成长的三个关键环节入手，剖析众多家长身上出现的一些不易察觉的问题，给出品质培养的具体方法。

第一部分是"品质成长与父母之爱"。先剖析父母之爱主要有哪些错误的表达方式及其产生的后果，再解答孩子对父母的质疑和父母对孩子应该有哪些期待，然后阐述温暖才是父母之爱的核心以及如何给予孩子温暖。

第二部分是"品质成长与安身立命"。首先剖析错位的培养观念和做法，如过度重视成绩、过度关心、怕孩子犯错、控制、"富养女"等；然后阐述如何培养孩子坚毅、独立的品质，以及如何延迟满足，如何鼓励、批评孩子，如何教导孩子应对委屈等。

第三部分是"品质成长与感恩父母"。家庭是身心寄托之所，感恩是幸福家庭的根基。这部分主要阐述好品质的来源及其内在成长规律、爱的回报，以及如何培养孩子的同理心和家庭责任感，着重解析分担家务对孩子感恩品质养成的决定性作用，以及让孩子分担家务的策略和方法。

父母之爱是孩子品质成长的源泉，是他们能够安身立命和学会感父母恩的大前提。在没有父母之爱的家庭中，孩子的性格要么冷漠、残暴，要么自卑、懦弱，其品质成长无从谈起；在有父母之爱却忽视对孩子进行品质（坚毅、独立、延迟满足等）培养的家庭中，孩子长大之后也难以独当一面；而如果忽视了同理心和责任心的培养，孩子则会变得唯我独尊、冷漠无情。只有培养出孩子的感恩品质，他们才会有寄托、有牵挂，远离情感孤独，父母才会收获亲情。孩子的幸福是父母最大的期望。

幸福的家庭总是相似的，而成功拥有幸福家庭对于父母和子女而言都是幸事。书中指出的很多问题都是大多数父母不经意间做的事情，所阐述的道理和解决办法则少为父母所掌握和实践。本书通过实例，运用简单的逻辑推理和简洁的文字表述，指出家庭教育中存在的不合理甚至荒唐的做法，并提供简单、操作性强的解决方式，帮助父母掌握科学的教育理念和方法。

童年是一个人品质成长的最佳时期，父母无疑是这一时期的关键。奥地利心理学家阿德勒说："幸福的人用童年治愈一生，不幸的人用一生治愈童年。"[1]父母只有从小就在孩子心中播下品质优良的种子并悉心浇灌，培育，帮助它生根发芽、茁壮成长，才有机会收获他们日后所需要的情感关怀。

父母对孩子一生的幸福至关重要，父母在孩子成长过程中发挥的作用无人能及，然而实际生活中父母却往往"零培训上岗"。为了孩子心理健康和事业成功，为了让孩子成为有情有爱的人，父母一定要不断学习，用科学的理论和方法帮助孩子，促进孩子的品质成长。这对父母而言同样非常重要，唯其如此，才能不让失败的家庭教育成为自己一生挥之不去的梦魇。

---

[1] A lucky person's lifetime is cured by childhood, while an unlucky person's lifetime is spent curing childhood. (A. Adler, 1930)

目 录

第一部分 品质成长与父母之爱

一、孩子仅仅是用来爱的吗?/3

二、"辛苦都是为了你"?/7

三、"将来一切都是你的"?/11

四、模糊的"永远爱你"/15

五、"让你受委屈了"?/19

六、控制不是爱/22

七、情感孤儿/25

八、孩子的质疑/31

九、父母的期待/37

十、温暖才是核心/42

十一、关注、陪伴和爱护/46

十二、倾 听/50

十三、分享感受/54

十四、一根矮树枝/58

十五、爱自己/61

第二部分 品质成长与安身立命

一、只要学习好就足够了吗?/69

二、在空中盘旋的父母/74

三、怕孩子犯错/78

四、脖子后的鼻息/81

五、还敢"富养女"吗？/87

六、孩子是朋友吗？/91

七、拖沓、逃避、谎言、痛苦/95

八、坚毅才是阶梯/99

九、延迟满足/102

十、满足正当需要/106

十一、培养自律/110

十二、做独立的自己/117

十三、无形的内驱力/120

十四、激励循环/125

十五、负强化/131

十六、承受委屈/135

第三部分 品质成长与感恩父母

一、好品质是天生的吗？/141

二、孝顺会遗传吗？/146

三、长大就好了吗？/151

四、爱的回报/155

五、感同身受/158

六、分享背后/162

七、房间里的智慧/165

八、天然工具/169

九、家务策略/177

十、做家务有报酬吗？/181

参考文献/185

第一部分
品质成长与父母之爱

没有爱，孩子的成长就像无源之水、无本之木，其品质成长也无从谈起。从小没有被爱过的人，不会产生爱的意愿，很多成年人犯罪的根源都可以追溯到其缺爱的童年。

爱是人世间最难解的情感，它是一个既伟大又神秘的词语。其伟大在于它是人类一切积极情感的源泉，而神秘是因为它遍布误区和假象。

识别爱的误区和假象，了解爱的本质，会让父母正确地理解爱，让孩子珍惜爱，让爱的付出收获温暖而非冷漠和贪婪，让父母享受天伦之乐而非痛心疾首又悔之晚矣。

本部分首先讲述爱的主要误区和假象，然后阐述爱的核心价值和主要表现。

一、孩子仅仅是用来爱的吗？

相信能够拿起这本书的读者心中一定对孩子充满了爱，因为只有爱才会让父母或家长用心去寻找科学的教育方法。我想说，您的孩子很幸运有您这样的父母，因为有了父母之爱就有了孩子品质成长的源泉。

不过，有爱与明白如何爱是两回事儿，而如果您有"孩子仅仅是用来爱的"这样的观念，那么您的家庭教育就暗藏危机了。

有这样观念的家长会说："那当然！现在，每家都一个孩儿，长大后一结婚，小两口要赡养四个老人，不现实。我将来不指望他，我对孩子就是付出！"语气中流露出满满的自豪感。

"孩子仅仅是用来爱的"——这种观念在中等收入和富裕家庭中较为流行。这些家庭经济条件比较宽裕，有的甚至把孩子这辈子需要的钱都准备了出来，根本不需要孩子为家里做什么贡献。《给无价的孩子定价：变迁中的儿童社会价值》一书的作者、社会学家泽利泽（Zelizer，1994）博士指出，在现代社会，孩子已不再被视为家庭潜在的劳动力，而只是被爱的对象。他们"经济无用，但情感无价"。

自20世纪80年代以来，无论是在中国还是在西方国家，随着家用电器如洗衣机、吸尘器、煤气灶甚至洗碗机的普及，家务劳动变得不再那么繁重，父母开始不再将孩子视为维持生计的帮手，不再那么需要孩子帮忙。于是，父母开始专注于孩子的学业和快乐。当孩子的实用价值逐渐为情感价值所取代，孩子的学业和快乐开始成为家庭的首要目标时，他们就只被看作爱的对象了。

"爱只是让孩子学习好"

在一些家长看来,爱孩子,为了让孩子将来事业成功,那么现在只要全力支持他们学习,帮助他们取得好成绩就可以。

为支持孩子学习,这些家长可以说是不遗余力:

"只要他(她)感兴趣,什么(培训)班都送。"

"只要是对他(她)学习有帮助,要多(少)钱,给多(少)钱,(学习材料)多贵都买。"

"只要他(她)肯学,学到哪儿都供!"

中国父母之望子成龙、望女成凤及重视子女教育的程度,可以说世界少有。在"别让孩子输在起跑线上"的观念影响下,他们不遗余力地加大对孩子教育的投入。甚至在很多并不富裕的家庭,父母也是宁可自己吃少点儿、穿差点儿,也要供孩子读书。有的孩子的补课费甚至占据了工薪家庭收入的大半。孩子的学习几乎成为家庭教育的全部:从找好幼儿园、好小学、好中学,到花钱请家教,父母总是希望可以全力帮助孩子成绩好一点,再好一点……

在力所能及的范围内支持孩子学习固然是好事,但如果父母认为只要让孩子学习好,就是做到了爱孩子,甚至不顾家庭条件和孩子的实际情况,一味逼迫孩子,让他们只把精力放在学习上,忽视了对孩子品质的培养,这样的"爱"就走样了。

"爱就是让孩子快乐"

也有一些家长认为,爱不仅是要让孩子学习好,还要让孩子快乐。

吃的、穿的、玩的、用的,只要孩子想要,家长就会不遗余力地满足。甚至有的父母在孩子提出一些不切实际的要求时,也会尽量满足他们。

他们不去管束孩子的任性,担心对孩子的批评、责备会让孩子不高兴，给孩子造成心理阴影。

他们任由孩子吃饭时在盘子里挑肥拣瘦。在饭店、宾馆、机场、火车站等公共场所，也任由孩子追逐打闹，自己则在旁边若无其事地聊天。

他们舍不得让孩子做家务，怕影响孩子学习。

特别是有的父母因自己幼年时物质匮乏，没有享受过童年的快乐，还会有一种强烈的补偿心理。他们不想让孩子经历自己遭受过的苦难，要让孩子尽情享受童年的快乐。

爱的苦果

在"孩子仅仅是用来爱的"观念影响下的家庭教育，结出的往往是爱的苦果。父母一味地追求孩子的学业和快乐，让一些孩子把父母的爱和付出视为理所应当。他们唯我独尊，不考虑别人的感受，好逸恶劳，缺乏责任感和感恩之心。他们对父母的索取就像身体需要血液一样自然。在他们眼里，父母必须无条件地永远关心、照顾自己；父母的财产就是他们的。他们会不断测试父母是否还爱自己。一旦发现父母有所疏忽，就像发现了罪证一样，挑剔、指责、冷落、伤害。他们会振振有词地宣告："你们都不爱我了，我凭什么要爱你们。"他们不会顾念父母过去的付出，不会理解父母也有权利享受生活，不会体谅父母已年老体衰。

他们会给父母买礼物，但只是在有求于父母（如希望父母帮自己买房或带孩子）时才会这样做，没有真正考虑父母的需要，也不是出于对父母的爱。一旦父母被榨干，他们往往变得冷漠无情，甚至不择手段地去甩掉这个"包袱"。他们对"感恩"这个概念毫不陌生，但就是做不到。因为感恩意味着付出——付出时间、精力、金钱。对于这些付出，他们不愿意，更不习惯。

于是，在年轻人中，也出现了部分靠老、啃老的现象：车、房、婚礼靠父母出钱，孩子靠父母养，有的甚至连自己也得靠父母养，并认为这是理所应当的。也许有的父母不需要孩子养老，但是没有父母不渴望亲情，没有父母愿意眼见孩子变成吸"血"的水蛭。

想一想孩子小时候，您把自己舍不得吃的留给孩子，感觉看着他们吃比自己吃都高兴；可如果孩子大了，您吃得好不好、有无病痛，他们漠不关心，甚至还会抱怨嫌弃。那么"培养"出这样的孩子，哪对父母会不寒心？

很多步入中老年的父母想不通，自己那个曾经乖巧可爱的孩子，长大后怎么就变得如此冷漠无情？他们更无法面对被冷落甚至被遗弃的打击。一位含饴弄孙的老友，一日突然念叨起儿子和儿媳对他越来越明显的不屑，悲叹道："人老了，没用了，活着没有尊严了！"也有父母感叹："我们注定是被儿女抛弃的第一代。"

忽视孩子的品质成长，持有"孩子仅仅是用来爱的"这种片面的观念，就是这一切问题的根源。

二、"辛苦都是为了你"？

如果有人问，世界上有哪一种情感最有可能与金钱无关，那无疑就是父母之爱。很多经济不宽裕的父母同样重视孩子的学习，也同样容易忽视孩子的品质成长。为了让孩子努力学习，他们试图通过表白自己的付出来感动孩子，激励孩子发奋用功，如经常说"爸妈这么辛苦都是为了你"。然而结果往往事与愿违。

我采访过的一个家庭就是这样的情况。这个家庭有三口人，夫妻俩和14岁的女儿。这对夫妻在市场上有个小摊位，承办制作奖状证书。接到生意后，送到农村老家公公的工厂制作。生意不好不坏，仅能维持生计，因为有好多摊位都做同样的业务。夫妻俩希望孩子好好学习，将来有个更好的工作。可这个女儿就是对学习不上心。夫妻俩将她送进好学校，花钱给她报各种课后补习班，她的学业都不见起色。他们想过各种办法来激励孩子，都没什么效果。比如，说爸爸妈妈小的时候学习很刻苦，这也不是事实；说爸爸妈妈小的时候生活条件艰苦，没有这么好的学习条件，可现在家里生活条件变好了，"艰苦"这一概念，跟孩子说了，她也根本没有任何感觉。

最后，夫妻俩打出感情牌："爸妈这么辛苦，不都是为了你吗？"

的确，夫妻俩的工作环境嘈杂、零乱。那个摊位三米宽，三米长，除了摆放各种货物，只能放下一张桌子和一把椅子。摊位外面的过道也是破旧、狭窄、拥挤的，空气都有些憋闷。

然而，女儿的回答是："我不觉得你们辛苦啊！"

夫妻俩听后大惊。可转念一想，虽然工作环境不太好，但的确不太辛苦，有时只需一个人在摊位上盯着就可以了。不过，即便是不太辛苦，天天在嘈杂、狭窄的环境中招揽生意也不容易呀。

一天早上，爸爸送女儿上学，顺嘴说了句自己回家还得补一觉。女儿随即大发感慨："你看你多好！不用上学，也不用上班，上午还能在家睡觉。"爸爸听后脊背发凉，睡意全无。

夫妻俩也想过让孩子在摊位干一天，让她亲身感受一下这种"不太辛苦"。可转念又一想，孩子既不熟悉业务，也不了解客户。即使在这儿待上一天，也只能是看一天的手机，根本不会管生意。让她体验自己的"辛苦"根本不现实。他们被难住了。

妈妈还说，孩子不仅不爱学习，而且一点儿都不心疼父母。有一次她生病住院，就把孩子送到奶奶家一周。结果，整整一个星期，孩子没打一个电话，没有一句问候。妈妈说到这儿的时候，眼神中流露出的不只是寒心，还有一丝对未来的恐惧。

那张感情牌——"爸妈这么辛苦，不都是为了你吗？"也遭到了孩子的轻视。父母原本是想提醒孩子，要珍惜爸妈的付出，要把压力变动力，要用心学习。然而，这句话虽然听起来似乎有道理，但仔细想来，却并非如此。

父母在孩子眼中不再真诚

养育一个孩子，吃、穿、用的费用的确很大，很多时候教育投入更大。对父母而言，这不仅是经济负担，还要投入大量时间和精力，承受巨大的精神压力。父母工作很辛苦，自己还舍不得吃、舍不得穿，把孩子送进昂贵的早教班、兴趣班、补习班、国际学校。每天要接送孩子上下学，陪着孩子学习，甚至辅导、检查孩子的作业。他们的付出已远远超过应尽的义务。

但孩子仍会觉得父母有些"虚伪"。在他们看来，父母未必那么辛苦。就像前面女孩所说，她并未觉得父母工作很辛苦。父母轻松挣钱，白天可以在家睡觉，晚上还可能有各种娱乐活动，怎么就辛苦了呢？

另外，父母说自己的辛苦都是为了孩子也不客观。有的父母的确工作很辛苦，但家里买车、买房，不也是为了提高自己的生活品质吗？往崇高了说，从工作中获得成就感，是实现自己的人生价值；往朴素了说，父母也是在享受人生，怎么能总说"辛苦"呢？

当然，孩子并非觉得父母不应该享受，只是感到不解：父母有必要把自己打扮得像圣人一样吗？有必要把自己弄得那么伟大无私吗？"明明也是为了自己，为什么口口声声地说都是为了我？"

况且，孩子还可能会想：养育我的确不易，父母也确实付出很多。可你们把我生下来，就得对我负责。父母难道不应该为自己的行为负责吗？这些难道不是为人父母应尽的义务吗？

孩子一旦这么想，父母在他们眼里就变得不真诚起来。而一旦父母失去了真诚，孩子对他们的信任就打了折扣。

双向道德绑架

其实，"爸妈这么辛苦，都是为了你"这句话，对父母和孩子来说都是一种道德绑架。

从孩子的角度看，父母总这么说，不就是在暗示自己将来要报答他们吗？那么，父母这种激励，是不是夹藏了私心呢？

刚开始，"爸妈这么辛苦，都是为了你"确实会触动孩子，他们会想，父母为了自己付出这么多，自己一定要好好学习，将来一定要报答父母。但随着父母反复强调自己的辛苦、提醒孩子自己的牺牲和付出，孩子的感受就会发生微妙的变化：渐渐地开始觉得父母这么说是在强调一种"债权"和"债务"的关系——自己亏欠父母，就得用听话、好成绩、感恩来回报，否则就是忘恩负义。这就是一种道德绑架。

一旦孩子察觉到父母可能意在要求自己，他们对父母的感情就容易变味：从最初的感激和体谅，渐渐发展为麻木、厌烦，最后甚至变为利用父母。

结果，这句话非但没有将孩子的心越拉越近，反倒越推越远；不仅没有激发孩子发奋图强、知恩图报，还让他们不再体谅父母的辛苦，甚至看到了利用父母的可乘之机。

既然父母说"辛苦都是为了我"，那孩子就可以理直气壮地向父母索要，现在是漂亮的玩具、手机，将来就是车、房了。父母怎么也不会想到，为孩子做出了巨大的奉献、牺牲，居然会养出一个冤家。

从父母的角度看，他们的剖白将自己抬上了道德高地。他们无意中试图用道德绑架孩子，结果自己反被道德绑架，身心俱疲。

因为父母一旦出现一些疏忽，如因社交娱乐、生意应酬、身体疲惫，或事业不顺、情绪低落而没有及时给孩子做饭，或者没有及时接送他们上下学，孩子就会认为父母失职，把这些事当成父母并不爱他们的证据而抱怨。结果，父母疲惫了也不敢懈怠，出去消遣了也不好声张，因为这样会面对孩子对其"伟大无私"的质疑，无形中给自己戴上了一副道德镣铐。

实际上，父母大可不必把自己说得那么无私、伟大、崇高。父母也是普通人，不仅需要劳逸结合，需要休闲娱乐，而且会犯错误。父母需要的是努力工作，赚钱养家，用行动表现出对自己、对家庭的责任感；用行动告诉孩子，工作可以帮助一个人实现自我价值，让人拥有成就感和自豪感，就像学习知识给学生带来的价值一样。父母只需用点点滴滴的行动来支持、关心、牵挂着孩子，让孩子感受到父母的爱与温暖。

如果父母过于表白自己的无私，就只会拉高孩子对父母的期望值，同时降低孩子对父母的满意度和感恩度。结果，孩子反而容易误会父母虚伪、暗藏私心，而愈加以自我为中心，不愿多考虑父母和别人的感受。

因此，那句"爸妈这么辛苦，都是为了你"还是不要说出来为好。

三、"将来一切都是你的"？

不恰当地表白父母之爱常产生适得其反的效果，对孩子说"家里的一切将来都是你的"就是另外一例。有的父母可能主动跟孩子说这样的话，有的则跟别人聊天时不避讳孩子在场，随口说出："我这几套房子将来不都是他（她）的嘛！"这样的话可能给父母和孩子都带来意想不到的麻烦，甚至灾难。

处处防着儿子

我有一位朋友，前些年是做房地产的，积累了不菲的财富。他有一个儿子。孩子小的时候，吃穿用的东西几乎都是最好的，从小学到中学，读的都是昂贵的国际学校。只要花钱能办到的，他都不眨一下眼睛。十年前，有一次在饭桌上，他不无得意地当着孩子的面说："现在的孩子多幸福，像我这份家业将来不都是他的嘛！"

当时我本想劝劝，但看到他儿子没有任何反应，就知道他不止一次说过这句话，儿子已经习以为常了，便觉得再提醒也没什么意义。

儿子长得帅，爱说爱笑，很讨人喜欢，就是对学习不上心。但父亲显然没有太放在心上。他相信"将门出虎子"，儿子不会差的，况且还有这份家业托底。

儿子毕业后，父亲想办法把他送进了美国的一所三流大学。没有了父母在旁监管，这位公子哥儿整日花天酒地，开跑车，出入高档会所，女朋友几个月一换。两三年下来，花掉一千多万人民币，学习却一塌糊涂。

在国外实在混不下去，儿子就回来了。他靠着父亲的关系网，结识了一些富家子弟，整天与这些人吃喝玩乐，有时一次消费就有上万人民币。他的本意是想通过关系找点好项目，但由于他既无商业头脑，又不懂经营，几年下来，不仅没有做成一个项目，而且还被骗过一次，损失了两千多万元人民币。更大的问题是，他染上了赌瘾，一输就是上百万元人民币。

父亲眼看着家底一点点儿快被儿子败光，而苦口婆心的规劝、声嘶力竭的争吵都无济于事。按父亲的话说："这个孩子现在满嘴没有一句实话，编各种理由要钱。"父亲已伤心至极，彻底对这个儿子失去了信心。如今，无论是在家里还是在公司，他都不让儿子见到一分钱，处处防着儿子。

中国有"富不过三代"之说，日本的谚语也很形象："从稻田回到稻田不出三代。"这一创造、停滞、衰败三部曲的意思是：第一代人通过在稻田辛勤耕耘，积累下财富；第二代人上了大学，融入上流社会；第三代人从小就被娇惯，他们大把花钱，只知享乐，不愿工作，将家产迅速挥霍殆尽，只好重新回到稻田。

而这个朋友不出两代就已见颓废之势。从浓浓的父子之情到防儿如防贼，仅仅相距不到十年的时间。

究其原因，对孩子品质培养的缺失无疑是关键，而他那句类似"将来一切都是你的"的话更是难辞其咎。因为它明确地向孩子传递着这样一种观念：父母的就是孩子的，孩子对父母的财产有天然的所有权。孩子自然会想：反正家里有钱，一辈子享用不尽，我为什么要起早贪黑地去拼搏？拼搏的目的不就是获取财富吗？既然我现在什么都有了，就没有必要再去拼搏。这种观念容易让孩子失去奋斗的动力，放弃知识的积累和能力的培养，最终毁掉孩子，毁掉亲情。

这种观念不仅会给富裕家庭带来灾难，对中等收入家庭的破坏性同样不可小觑。

女儿与父母反目

有一对老夫妻，育有一儿一女。老夫妻退休前收入都不错，因此他们不仅有一定存款，而且在市内有两套房子。

夫妻俩原打算自己住一套，另一套给儿子。无奈儿子从小被娇惯，勉强大学毕业，就想做大买卖，结果两次创业一共赔了一百多万元。父亲盛怒之下跟女儿说："这套房子不给你哥了，给你。"

但事后冷静下来，父亲有些后悔，就不再提这件事了。而女儿当真了，一再催促。结果，父亲不得不承认自己还是想把房子给儿子。女儿一气之下，再也不跟他们老两口联系了，节假日也不打一个电话。

实际上，女儿自己生活过得也相当不错。她名校本科毕业，工作待遇也不错。丈夫是留美博士，在单位已是中层领导。她家房子的面积和位置也不错。可以说，她是实实在在的中等收入群体。

女儿生气的理由是父母说话不算数。她指责父母重男轻女，提到自己读大学期间有几次家里给的生活费总是晚几天。

老两口无论如何解释、请求原谅都无济于事，女儿就是要房子。

从整件事情的脉络不难看出，父母对儿子是有偏爱的。在儿子大学刚毕业时，就拿出积蓄支持他两次创业，还承诺把全部房产都给他。

女儿显然对父母的偏爱心存不满，对父母的财产分配感到不公。因此，当父亲承诺将另一套房产给她时，她认为这是父母对她的补偿，而这种补偿并非出于父母对女儿的关心，而是他们对儿子的失望。

因此，当父亲收回承诺时，她变得异常愤怒。她指责父母对她不公平，却也只能举出读大学时"晚给了几天生活费"。

客观来讲，父母的确有些重男轻女。从父亲对女儿说的"这套房子不给你哥了，给你"这句话基本可以推断出，他对孩子们应该清晰地表达过"家产留给儿子"的想法。儿子两次创业用掉父母大量积蓄，也能印证他们对儿子的偏爱。但父母同样也是很爱女儿的，从她学习（包括考入名牌大学）、工作、结婚，她都挑不出任何父母的不是。父母只是给她的比哥哥少，就让她心生不满，对父母不理不睬。父母过去对女儿的爱和付出也就此一笔勾销。

"家产留给儿子"的想法与"将来一切都是你的"如出一辙，它同样给这个家庭带来了不幸：它让儿子理直气壮地依赖父母，不去踏实地学习知识、磨练本领，而是好高骛远，总幻想一夜暴富；它让女儿受到了不公平的待遇，心生怨恨，失去了对父母的感恩之心。他们的心灵都不再成长。

父母的结局

如果父母持有这种观念，就有可能将子女培养得自私自利，这样不仅会给子女带来不幸，而且会让自己晚景凄凉。

一旦孩子认为父母的财产都是自己的，就可能挥霍父母的积蓄，导致父母提防着孩子（如前文中的父亲那样）。同时，父母似乎也失去了自由支配自己财产的权利。退休后想享享福，出去旅旅游，儿女虽嘴上不好阻拦，但心中不悦。想一想，自己辛苦挣来的钱，却不能自己做主！

如果父母辛苦一生积攒下的家产被孩子败光，父母不仅会老无所养，而且会老无所依，被孩子弃如敝屣。因为这些孩子眼中只有他们自己，只在乎他们自己的感受。他们早已忘记了父母曾经的爱与付出，既然没有了利用价值的父母已成为自己生活的拖累，他们自然就会嫌弃、冷落，甚至遗弃父母。在家庭调解类电视节目中总能看到这样的家庭悲剧。

这些父母的凄凉境遇无疑源于错误的观念——"将来一切都是你的"，但问题的核心是父母忽视了对孩子品质的培养。

曾国藩认为，依靠财富和地位是很难保证家族兴盛的，唯有教育可以。我想还应该补充一句：教育要更重视品质培养。因为只有它才是父母和孩子之间的纽带——亲情的最好材质。

四、模糊的"永远爱你"

您说过"无论你做什么，都是我的孩子！爸爸（妈妈）永远爱你"吗？如果说过，您是否想过，这句话背后所隐含的无原则的爱，虽然可能一时温暖到了孩子和自己，但最终结出的苦果会给自己和孩子带来怎样的伤害呢？

一位知名作家在自己的女儿小的时候也说过类似这样的话："你做什么，我都包容你；你在我这儿没错。"然而，二十多年后，这位父亲已不再与女儿联系，甚至不愿出现在女儿的婚礼上。

从骄傲到反感

一位已过不惑之年的父亲找我谈他家庭教育的苦恼。他说，自己的独生女现在在一所名牌大学读书，但已不再是他的骄傲和快乐，一想到她，自己心里就感到难过。话到此时，他的表情痛苦而绝望。

这位父亲是一名中学语文教师，妻子在一家旅行社工作，独生女儿可爱乖巧。他与女儿感情极深。他说那时喜欢捧着她的脸亲，抱她的时候也在想，怎么办，总有一天不能抱了。爱女之情，淋漓尽致。

从幼儿园开始，他就把孩子送进各种兴趣班、特长班、补习班。他的知识储备比较丰富，在语文、数学和英语等科目上都可以辅导孩子。而且，这位父亲并不是只注重孩子学习，还常带孩子去游乐场、游泳馆等地方玩。女儿天真活泼，父亲风趣幽默，父女在一起时总是笑声不断。提起过去的一幕幕，父亲一脸的幸福。

女儿的学习成绩很好，常在学校获得各种荣誉。那时的父亲，欣慰、自豪、幸福。女儿也对父亲的付出念念不忘。每到父亲节和新年，女儿的贺卡上都写满了"爸爸，谢谢您对我的悉心栽培，我永远感激您！""爸爸，您是世界上最伟大的父亲，我永远爱您！"，等等。

终于，女儿的进步和感恩让他情不自禁地说出："孩子，你不需要这样讲！无论你做什么，都是我的女儿！爸爸永远爱你！"相信那一刻，父女两人都为彼此感动不已。

在父亲的指导和鼓励下，女儿成功考入一所名牌大学。

然而，离开了父母的监督，女儿第一学期就像变了一个人似的。她跟同学逛街、买衣服、做头发、下饭店，还办了上千元的健身年卡，但她只去了两次。一年的生活费，女儿两个月就花光了。

父亲发现后，非常震惊。他感到难以置信，马上与女儿进行了一次长谈，女儿痛哭流涕地承认了错误。父亲迅速采取补救措施：按月给女儿银行卡里打钱，把住"经济命脉"；让女儿远离那些只知道玩乐的朋友；让女儿每天写日记，记录主要活动，每周末与他长谈一次，分享上一周的学习、生活情况。女儿欣然接受。

第二学期的头两个月，女儿非常配合，每天写日记，周末与父亲长谈。但到了第三个月的时候，女儿突然提出希望父亲相信她能够独立，给她一次管理自己的机会。父亲想了想，孩子已是成年人了，应该多给她一些自由。而且经过前一段时间的监督指导，孩子的适应能力也应该调整得差不多了。加之控制了她的经济来源，孩子胆子又小，应该不会出什么问题。

不料，父女关系的滑坡就此拉开了序幕。先是孩子跟父亲的通话次数越来越少，通话的内容也从学校和同学的情况到了只是简单的客套；随后，孩子第二学期开始挂科。

第三学期，父亲察觉到了异样，但苦口婆心的劝说已无济于事了。孩子已经变了，她的眼中似乎看不到懊悔，她也越来越没有兴趣跟他聊天，这种情况从未出现过！

父亲自然不愿就这么放弃，仍不时打电话苦心相劝，女儿只是"哼哈"地应和，态度越来越冷淡。一天，当他又一次嘱咐女儿交友要谨慎时，女儿突然脱口而出："我凭什么要听你的？"父亲惊呆了。他不明白女儿怎么会说出这样的话。他无法相信这句话出自曾把他当作"世界上最伟大的父亲"的女儿之口！

后来女儿大四时，因挂科不得不延迟一年毕业。在这期间，这位父亲忍受着痛苦，仍不愿意放弃。他不断尝试，想要女儿变回那个积极上进、口口声声要感恩的女孩，但得到的却是日甚一日的绝望。

父亲能够感觉到女儿只是把他当作一个外人。在女儿的心里，似乎谁给她面子、谁恭维她，谁就是朋友。她只在意此时此刻的快乐，父亲的爱和付出已是过去时。这位父亲对女儿的情感也从最初的疼爱一步步变为震惊、失望、痛心、绝望，直到最后的反感。

父女关系从亲密无间到反感，令这位父亲感觉恍若隔世，也让他陷入了深深的反思。他问我，是不是自己不该说那句"无论你做什么，都是我的女儿！爸爸永远爱你！"？

情感有底线

从前文父亲的叙述中，我们很难看出他的教育方式有什么大错，但只要跳出父亲的视角，我们就会发现孩子变化的轨迹：在大学，女儿看到别的同学出手阔绰，轻轻松松地买名牌化妆品、新款服装，做新潮的发型，戴时尚的墨镜，她难以抑制自己的羡慕；朋友的"大方"请客，也让囊中羞涩的她感到难堪，她越来越怕跟同学上街。

同为名校学生，她为不能享受同样的生活感到不平，抱怨父母没有能力让她"有尊严"地度过她美好的大学时光。她的思想发生了转变，甚至脱口而出"我凭什么要听你的"，发泄着对父亲的不满、怨恨。

世界上任何事情都是有底线的，情感当然也不例外，包括父母与孩子之间的情感。

父亲一厢情愿地以为自己的女儿没有什么不可以包容、原谅的，她再错又能错到哪里去，永远爱孩子不正是父爱的伟大之处吗？殊不知，父亲也是人，他对情感的包容也有底线。这个底线就是父女之情。当这份亲情被女儿漠视之时，父亲也就爱不起来了。

诚然，年幼的儿童需要从父母无条件的爱中获得安全感，这种无条件的爱既包括欣赏其优点，也包括接纳其缺点，帮助其改善不足。这一点将在后文探讨。然而，一旦无条件的爱发生质的变化，成为无原则的盲目的溺爱，这句"无论你做什么，都是我的女儿！爸爸永远爱你！"就会向孩子传递一个错误的信号：父亲不期待孩子的体谅、关心和感恩。也就是说，孩子无需顾及爸爸的感受，更不用考虑需要为父母做些什么。即便是伤害了爸爸，爸爸也不会减少对她的爱。没有了这条底线，孩子就会把爸爸对她的爱和付出视为理所应当，甚至指责抱怨，肆意伤害父亲的情感。

父亲的不求任何回报，甚至不求情感的回报，使得女儿不再考虑父亲的感受，不再珍惜父亲的付出，失去了对父亲的感恩之心。

女儿变化的根源在于父亲忽视了她的品质成长，他只关注孩子的学习和快乐，却没有用心培养孩子的品质。他没能在孩子小的时候抑制住好逸恶劳的苗头，培养女儿为家人付出、责任感和同理心等行为和品质。在父母身边，有他的指导监督，孩子不会太出格。但上大学后，独自面对大千世界，身边又没有了父亲的约束，女儿好逸恶劳、爱慕虚荣的苗头迅速复苏、膨胀，在惰性的驱使下，怎么享受怎么来，想着反正父亲最后一定会原谅自己。结果，不仅学习成绩一落千丈，而且父女之情逐渐淡漠。

看上去，这位父亲成功地指导了女儿的学习，培养了她的兴趣爱好，还给了她快乐的童年和少年，但他忽视了对她品质的培养，没能抑制住好逸恶劳的苗头，带来了不可挽回的后果。

五、"让你受委屈了"？

2019年热播的一部电视剧中有这样一幕：一位父亲在面对儿子指责只会问"饿不饿、累不累"，却不能在事业上帮一把时，他泣不成声，对儿子鞠了个躬，说："对不起，我没本事，让你受委屈了。"

这一情景不得不令人感慨，孩子不仅把父亲的爱视为理所应当，而且还要求父亲有"本事"。在孩子眼中，似乎没有"本事"，父亲的爱就不值一文，就能轻易被抛在脑后。

被抛在脑后的爱

剧中，爸爸独自一人把三个孩子拉扯大。他几十年来独自辛苦地经营一家手工面坊，每天天不亮就起床给三个儿女买早餐，含辛茹苦地供他们上学读书。怕孩子受委屈，自己一直没有再婚。终于，他把孩子们培养成才了，儿子考入名校并成为医院"一把刀"，女儿成为公司董事长的秘书。

他这一辈子最大的愿望就是一家人和和睦睦，每天都高兴、快乐。他把孩子的快乐当成自己的快乐，认为合家欢聚就是他的人生价值。他是绿叶、配角、阶梯，是幕后默默奉献的人。

然而，已经成才的子女却一边惦记着瓜分父亲的房产，一边嫌弃着父亲。特别是大儿子，考上医科大学前还感恩父亲的辛苦付出，但上大学后，看到同学父母出手阔绰，并能为孩子的发展牵线搭桥，他便开始对父亲产生不满。剧中，孩子怒斥父亲只会问"饿不饿？吃饭了吗？累不累？睡觉了吗？"，却不能在外面遇到那些不公平的时候拉自己一把，叫嚷着"我靠的是自己的努力，才有今天的结果！"，甚至要跟父亲断绝关系。

的确，有些家庭的孩子拥有很多资源，可以轻松进入好学校、出国留学。父母能帮忙安排工作、买房。他们财务自由，可以到处旅游，尽情地享受生活。而另一些家庭的孩子却没有这些。在他们眼中，如果人生是一种长跑，那么人家似乎生在了终点线，要什么有什么，而自己却在起跑线，一切都得靠自己。

于是，这些孩子抱怨"投错了胎"，指责父母"没有本事"，肆无忌惮地向父母表达着不满，无情地伤害着他们。他们不愿意接受现实，只是抱怨自己为什么不是既得利益者；他们也看不到相比于父辈他们已经拥有了广阔得多的发展机遇，只是抱怨自己为什么不能坐享其成。

更令人感到悲哀的是，他们一边抱怨着父母没本事给自己创造更好的生活，一边又惦记着父母可怜的财产，唯独将父母付出的爱抛在脑后。

感恩品质培养的缺失

造成父母之爱在孩子眼中不值一文的根源就在于在他们的家庭教育中缺乏感恩父母的品质培养，而这一成长缺陷难以弥补。

正如剧中所描述的那样，孩子们的冷漠让他意识到自己做父亲的失败，身患绝症的他决定对儿女发起"不孝诉讼"。儿女们措手不及，于是开始反省自己，不应重利益轻亲情，二儿子还抱着父亲痛哭。

问题是，这些孩子都接受过高等教育。如今，孝道宣传教育早已遍布广播电视、大街小巷，感恩教育也已深入大中小学课堂，他们应该从不缺乏孝道知识。可是，为什么唤醒他们感恩意识的只有法院的传票呢？靠法律来唤醒的感恩又会有多真诚呢？

因此，问题的根源在于他们的家庭教育中缺乏感恩品质培养。感恩培养机制理论（Li, 2013, 2014a, 2014b, 2015,

2016a，2016b，2016c，2017）指出，在家庭教育中，无论父母为孩子付出了多少爱，只要没有抑制住孩子好逸恶劳、趋利避害的苗头，没能培养出孩子为家人付出的习惯，那么孩子的感恩意识也就不可能存在。

也就是说，如果父母在家庭教育中忽视了对孩子感恩品质的培养，那么，不仅父母之爱在孩子眼里将一文不值，将被抛在脑后，而且孩子还会抱怨父母不能给他们带来更好的生活。

六、控制不是爱

一次留学生聚会，我跟一名研究生聊起了她的父母。她告诉我她母亲在一个效益不错的企业当部门经理，是个闲不住的人，什么都要操心。我们聊到在悉尼买房时，她说，她的母亲说要出钱买，但她不想接受。

我突然问："你是不是特别想摆脱你妈妈的控制？"

她听后一怔，脱口而出："你太牛了！"话一出口，她又是一怔。

这是她下意识的反应。瑞士心理学家卡尔·荣格说过，人们潜意识里的东西一定会拼命寻找出口。虽然她提到妈妈时看似漫不经心，但"闲不住"和"坚持出钱买房"已经透露出足够的信息：她的妈妈是个好强的人，给了她很大压力。

那几年，悉尼的房市不错，年轻人都巴不得父母给自己出资买房，她却说不想用母亲的钱在悉尼买房。

她的拒绝说明相对于房产价值，她更渴望精神独立。她压抑得太久了，急切地渴望摆脱母亲的控制。果然，不久她就去非洲做志愿者了。母亲对她的控制给她带来的压抑让她只想逃离。

像这样的家庭，我在采访中遇到不少。父母不仅在孩子幼年时掌控他们的学习和生活，而且在孩子成年后仍要求他们完全遵循自己的意愿。那么，是不是父母太爱孩子了呢？也许我们能从下面的分析中找到答案。

控制孩子的父母

控制孩子的父母一般都会强调自己非常爱孩子，他们往往爱说"这都是为了你好""我只为你这么做""因为我太爱你了"，表现得也非常无私，很重感情。但是，从他们的观念和言行中，不难发现有两种情绪倾向。

一是强烈的占有欲和控制欲。在他们眼里，父母给了孩子生命，供孩子吃、穿、用、上学等，孩子就必须无条件服从他们。他们把孩子看成自己特殊的"财产"，像守护自己的"财产"一样，紧跟在孩子后面，恐惧孩子去探索、尝试、冒任何风险，因为"财产"不能有任何损失，"财产"也不能培养出独立生存的能力。孩子的离家独立更是被看成一种背叛和抛弃。他们会不顾一切地干预、掌控孩子的生活，他们要孩子需要他们，无法忍受失去孩子。

一个女孩这样形容她的妈妈：她的关心快让我窒息了。她总是告诉我该怎样生活，如果可以的话，她似乎会替我呼吸！

二是用孩子来实现自己的意愿、自己的价值，而孩子的意愿和情感与他们无关。在这类父母眼中，孩子几乎就是他们的人生价值，他们的未来，他们生活的全部意义。他们根据自己的意愿规划孩子的人生，强迫孩子按照自己的意志做事，习惯于命令，不会和气地跟孩子讲道理，一味要孩子"不要顶嘴，我叫你干什么你就干什么"。他们对孩子的学习抓得非常紧，强调成绩，但不关心孩子的意愿和情感，几乎没有耐心去倾听，更谈不上体谅、鼓励孩子。孩子的焦虑、痛苦被他们看成软弱的表现。对这些父母而言，好孩子的标准就是听话、学习好、事业成功。

他们的这些做法与自身的性格有关。这类父母中有一部分性格清高孤傲、不苟言笑，对自己要求很高，很勤奋，强烈希望改变现状。但越是如此，他们往往越会认为现实生活不遂人意，感到事业不顺，生活不如意。一旦他们对自己的现状感到沮丧，就会把自己的这种高标准强加在孩子身上，希望通过孩子实现自己的价值和理想。

上述两种情绪倾向都是全方位的掌控，都不允许个体独立地存在。在这样的情绪倾向的支配下，无论父母如何关心孩子，孩子都永远在父母的掌控中，无法独立。

此外，在这类父母眼中，孩子的感受和意愿都不重要，自己的意愿和快乐才是他们之间关系的核心。这类父母为孩子付出的目的，无论是他们年少时未酬的壮志、尊严荣誉还是物质利益，都是为了实现自己的意愿和价值，孩子的感受和意愿必须服从于他们的感受和意愿。

可见，控制不是爱，这些父母虽然强调自己这么做是因为太爱孩子了，但实际上他们只是把孩子当成实现自己意愿和价值的工具。

希望您不是这样的父母。

父母对孩子的控制是如何破坏他们的品质成长的，又会产生哪些后果，后文"脖子后的鼻息"部分将详细阐述。

七、情感孤儿

每个人都在生活中扮演着很多角色，父母不仅仅是父母，也是儿子（女儿）、亲戚、朋友、同学、邻里等，从事着工人、农民、售货员、保安、警察、教师、工程师、医生等某种职业，肩负着不同的生活和工作责任。他们既会紧张忙碌，也会有很多烦恼和痛苦。要求父母无微不至地关爱孩子，不能有半点儿疏忽，就太苛刻了。因为既做不到，也没必要。只要孩子能够感受到父母的温暖，特别是在他们需要的时候，那么父母偶尔的疏忽，孩子也是完全能够理解的。

然而，在有些家庭中，孩子在父母眼里似乎是隐形人，父母想不到孩子会需要他们，孩子在他们眼前晃来晃去会让他们心烦。父母还会把自己的情绪发泄到孩子身上，孩子成了他们的情绪垃圾箱。

孩子被看成麻烦

"我爸爸从来没有像我朋友的爸爸那样跟我一起做任何事。我们从未在一起踢过足球，也没一起看过比赛。他总是说'没时间，以后再说吧'。但他有时间闲着没事、烂醉如泥。我妈妈会说：'别总是用你的问题烦我，你为什么不跟你的朋友出去玩？'可是我没有朋友，我害怕把朋友带回家。我的家人就是忽视我，只要不把他们扯进去，他们就不在乎我遇到的麻烦到底是什么。"一名男子在回忆自己的童年时这样说（Forward，2002）。感觉父母看不见、听不见他，他就没有问题。他就是个情感隐形人。

他继续说："太可怕了，大部分时间，我感觉自己就像一个孤儿。为了得到他们的注意，我会做任何事。一次，在大约11岁的时候，我去一个朋友家，他爸爸把钱包放在了门厅的桌子上，我从里面拿了钱，希望能被抓到。我不在乎我父母怎么收拾我，只要他们知道我在那儿。"

很小的时候，他就意识到他的存在对他父母而言并非幸事，反而是一件令人头疼的事。渐渐地，他发现这种情感隐形反倒会给他带来安全感。他回忆道：

"每当我说出自己的观点，我父亲就贬低我。如果我提高嗓门，他就打我。很快，我就学会了不要惹他生气。如果我敢质疑母亲，她就会像个婴儿一样大哭大闹，我父亲就会发脾气、打人，这就让我感觉更糟糕。所以，我开始编造各种借口，尽可能不在家待着。我12岁时就找了一个课后兼职的工作，每天晚上会尽可能晚地回家。每天早上，我还会提前一小时上学，这样在他醒来之前我就已经出门了。现在，我还能感受到那种孤独，每天早上一个人坐在空旷的校园里，等待着有人出现。有意思的是，我觉得我父母好像并没有注意到我从来没在他们身边。"

情感的孤独和对父母的惧怕让这名男子变得自卑、懦弱。他感叹："我不会说出冒犯任何人的任何话，无论我多想，都不会这么做。我会把到嘴边的话咽下去，有时会憋得想要呕吐。即便是那些我毫不在乎的人，我也不敢质疑、冒犯。只要我觉得要说的话会伤害到别人，我就不会说。"

在这样家庭长大的孩子，往往觉得自己要为别人的感受负责，就像要对他父母的感受负责一样。例如，在外面受了欺负，却因为怕被父母说给他们惹麻烦而默不作声。他们不敢表达自己的看法，过分地压抑自己、忽视自己的感受，承担着不该承担的责任。他们不自信、唯唯诺诺，习惯于讨好别人、照顾别人、苛责自己。他们常会自己跟自己生气，女孩子有时还会无缘无故地哭泣。

这种思维和行为模式一旦形成，他们不但不会报复父母对自己的忽视，反倒常常会比在其他家庭环境中长大的孩子还要关心、照顾父母。这名男子说："我记得我父亲已失去控制，母亲就跑到我这里，哭着说她又是多么不开心，'我该怎么办啊？你们这些孩子需要父亲，我不能出去工作'。谈到它就让我很闹心。我过去曾梦想带她到父亲找不到的一个小岛。我向她保证一旦我能够照顾她……我现在就是这么做的。即便自己不宽裕，我也一直给她钱。我也照顾我的爸爸，即便他在影响我的生意（他让父亲在自己开办的汽修厂工作，但父亲仍然酗酒，不懂装懂，总是对员工指手画脚，指责他不尊重自己）。"

这名情感孤儿内心是苦的。他小的时候遭受了太多的忽视，长大后却又承担了太多不该承担的责任。他总是会努力理解父母生活的艰辛，但总是念念不忘自己曾经得到的那少得可怜的关注：妈妈在自己发烧一周后给的一个苹果，爸爸唯一一次在酒后教过他写字，自己的婚礼他们出了些钱。他总是努力让自己相信父母是爱自己的，只是父母生活艰辛又不懂教育。

然而，他给父母买东西、带他们出去旅游，他们总是来者不拒。带他们去超市，他们总是挑好的、贵的拿，好像这些东西都不花钱一样。父母不会体谅孩子工作辛苦，挣钱不易，感觉孩子做的一切只是在还债。同时，孩子的问题、困难从来都与他们无关，他们不打听、不关心；偶尔知道了，还会落井下石，说早就预料到会是这样。

他的潜意识在告诉他：无论是在小的时候还是成人以后，他都被忽视着。父母在意的永远都是他们自己的感受，他的感受却没人在乎。他不断地压抑自己，考虑父母的感受，希望有一天父母会突然悔悟，说出："孩子，我们委屈你了！"

然而，对于他的努力和付出，父母似乎没有一点感激，也看不出一丝悔悟的迹象，反倒是变本加厉地利用他、责骂他。他感到委屈、屈辱，这种感受不断积聚但又无处宣泄。

孩子成了"情绪垃圾桶"

有些父母情绪变化无常，让孩子无所适从，导致孩子无形中成了他们的"情绪垃圾桶"。他们会给孩子买点好吃的或玩具，跟朋友炫耀孩子取得的成绩；又会因一件与孩子无关的小事，对孩子大肆谩骂、诋毁。他们说话做事完全不考虑孩子的感受。孩子对他们而言，几乎是无形的、不存在的。父母飘忽不定的情绪给孩子心理上带来了巨大的痛苦。

一位成年女子这样回忆自己的母亲："小时候我总是想讨好我妈，但从来不知道她下一刻的脸色会是什么样的。记得一次我语文考试得了63分，不敢回家。按照过去的经验，63分足以让我妈数落我四小时，说什么'没用的东西''不知感恩的废物''以后没人会要你'。可是最终踏进家门时，我发现她心情非常好。她没说什么，直接在成绩报告上签了字，还说：'你是聪明的孩子，不必在乎这种成绩。'我真是不敢相信。但是晚饭时她接了一个电话，回来后就突然对我暴跳如雷，骂我考了这么点分还好意思吃饭。我不明白，为什么一个电话就让她不爱我了。"

如何讨好父母是这些孩子在家里主要想的事情，然而他们的父母情绪飘忽不定，让孩子感觉每天就像坐在火山口上，不知道自己说的哪句话或者哪个字就会引发他们的暴怒。孩子前一天在屋里穿他们的鞋子，他们会觉得很有趣，后一天做同一件事就可能惹得他们火冒三丈。有的父母语言尖刻，总把孩子的性格弱点或身体缺陷挂在嘴边。而且，无论孩子做什么，他们总能挑出毛病来。孩子只是他们发泄对生活的沮丧、不满的出口、替罪羊。他们告诉孩子"如果不是由于你，我不会这么失败或我不会这么喝酒"，等等，让孩子感觉自己是父母苦难的根源，让孩子产生内疚感。有个高中生在谈到他的父亲时，绝望之情难以自制："我真觉得活着没有什么意思。"

毕竟，作为小孩子，父母就是自己世界的中心。如果无所不知的父母说孩子不好，那么他们一定是对的。如果妈妈总是说你愚蠢，你就是愚蠢的；如果爸爸总是说你没有用，你就是没有用。一旦父母每天都这么说，甚至时时都这么说，潜移默化地，孩子就会把它当成事实，从"你就是"变成"我就是"，产生深深的自卑。

"无论别人对我说了什么、做了什么，我都不敢反驳、反抗。我感觉自己什么都不是，感觉谁都可以随便说我，但我无能为力。我恨我自己。"一个男孩这么说。在这样的家庭中，孩子是没有安全感的，不仅如此，每天点点滴滴的贬损和指责严重侵蚀着孩子对自我价值的认可，把他们对生活的热情榨干。在外面，他们拼命地压抑着自己的欲望，时刻看着别人的脸色，不敢说出自己的看法；非常在乎别人怎么看他们，努力地满足别人的要求，害怕被拒绝，尽可能举止端庄、中规中矩，不敢有丝毫的放纵。这些孩子自卑、懦弱、郁郁寡欢，父母的冷漠甚至让他们觉得自己不配在这个世界上活着，感觉自己就像门口的擦鞋垫，被所有人踩在脚底。孩子如果感受不到自身存在的意义，就会焦虑、烦躁、孤独、无助、自卑，会患上抑郁症等精神疾病，甚至有的会产生把命还给父母的冲动。这种精神状态会伴随孩子步入成年，严重影响他们未来的职业生涯和未来的婚姻家庭，乃至影响他们对未来子女的教育，给孩子的一生甚至下一代都带来极大的痛苦。

导致孩子产生巨大痛苦的不仅是对自我价值的否定，还有对父母感情的纠结。他们渴望父母的爱，但得到的却是父母的嘲讽、贬低。他们的潜意识告诉自己，父母并不爱他们，可是他们仍然记得心爱的玩具是父母给买的，旅游度假是父母带着去的，父母也曾炫耀他们取得的成绩。按照弗洛伊德的精神分析理论，他们的潜意识和意识发生了冲突，这导致他们对父母感情的认识出现了纠结，持续的冲突和纠结就会引发心理健康问题，这是抑郁症等精神疾病产生的主要原因。

其实，这种冲突和纠结不难解决，关键看能否"共苦"。在这些父母眼中，孩子让他们感受好，孩子就是好的，就可以给他们买玩具、带他们去旅行；孩子让他们感受差，考砸了、生病了、犯错了、给他们添麻烦了，孩子就是坏的，他们就可以责怪、贬损、冷落孩子。须知父母之爱不仅是分享孩子的快乐和荣誉，而且要有孩子跌倒时的抚慰、失败时的激励。父母不仅要分享孩子的快乐，也要分担孩子的痛苦，不能只在乎快乐，而不想分担任何痛苦。

我们都知道患难见真情，很自然地把能共患难的朋友看成真正的朋友，不会纠结于一时的推杯换盏、勾肩搭背。然而在对待父母的感受的问题上，很多孩子却纠结了、苦闷了。即便进入成年，到了四五十岁，有很多孩子仍然无法摆脱这种痛苦的折磨。

由于性格因素，另一些孩子会出现严重的叛逆倾向，成为问题少年（Peck，2008）。他们会认为父母的处事方式就是这个世界应该有的处事方式。父母的冷漠给他们带来了一次次失望，在这些失望中，他们积累了大量的怨恨，从不相信父母，到不再相信任何人。这样，他们就会不可避免地与这个社会具有权威地位的人（如警察、老师或者未来的领导）发生一次次冲突。而这些冲突则进一步强化了他们的这一认知：相信别人是有风险的。

一旦他们形成了不相信他人的思维定式，对他人的期待值马上就会降下来，这样反倒减轻了他们的失望感。失望感降低了，也就减轻了他们的痛苦。他们会不自觉地与别人疏离，自然也就很难去享受爱、温暖、亲密和情感。结果，他们今后的婚姻和家庭生活很难再有信任和温暖了。

生活不易，但再艰难，父母都要关心孩子的感受，学习控制自己的情绪。不要让您的孩子成为情感孤儿，自己不要做"行走的火药桶"，否则不仅会伤害自己，还会毁掉孩子。

八、孩子的质疑

"山，没有父母的爱高；海，没有父母的爱深；天，没有父母的爱广阔；地，没有父母的爱包容；太阳，没有父母的爱温暖。"

"父亲挺拔如山，给儿女坚强依靠、遮阴纳凉；母亲温柔似水，让孩子沐浴温暖、生机勃勃。"

我们小的时候都写过赞美父母之爱的作文，这些语句对我们来说并不陌生。

毋庸置疑，父母之爱是世界上最伟大的情感之一。

然而，现实生活中父母不可能每时每刻温暖、爱护着孩子，父亲未必坚强，母亲也未必温柔，孩子可能还会觉得爸爸或妈妈并不那么在乎自己，理想和现实的反差自然会让孩子产生怀疑，父母是不是真的那么爱自己呢？特别有些父母还会一面贬损、控制或嫌弃孩子，一面又声称"为你好"。这些怀疑和矛盾的感受给孩子带来了严重的情感折磨和心理痛苦。

每个孩子都经历过一个阶段：极其渴望了解父母，但有些事冥思苦想又不得其解。为什么爸爸妈妈会为了一件小事大发雷霆？为什么爸爸妈妈会莫名其妙地冷落我？为什么他们有时觉得我的毛病都不是事儿，转眼又会把我贬低得一无是处？很多孩子都有过在父母之间反复摇摆的经历，都饱尝过无助的痛苦。如果孩子的疑问得不到解决，他们的问题就可能升级，进入一种长期不健康的状态：为什么爸爸妈妈会嫌弃我？为什么我怎么讨好爸爸妈妈都没有用？

也许您的孩子正在思考着这些问题，正经历着思考的痛苦。然而限于学业压力和知识水平，他们没有时间也不知该到哪里去寻找答案。孩子不会只因为父母说"为你好"，就会觉得父母真的为他们好，也不会因为找不到答案就当问题不存在。实际上，由于朝夕相处，父母重复的行为模式只会进一步加剧他们的痛苦。直觉告诉他们，一定是哪里出了问题。

于是，孩子常常自己给自己一个答案。孩子的答案基本分为两类，第一类是父母还是爱自己的，他们只是普通人，不懂得教育方法而已。这类答案看起来不错，但由于父母的行为模式没有丝毫改变，孩子的情感自然会持续遭受折磨，心理痛苦只会不断加剧，他们会抑郁、焦虑，最终还是要么渐渐与父母疏远，要么爆发面对面冲突。第二类是得出结论：父母只在乎他们自己，对自己好只是虚情假意或者另有所图。这样一来，孩子就放弃了对父母的情感寄托，这在一定程度上会减轻他们的纠结和痛苦，但他们会随之出现疏远和叛逆行为——不再与父母交流、顶撞父母、厌学，以至吸烟酗酒。

因此，帮助孩子寻找答案，无论是对于孩子的身心健康还是整个家庭的幸福而言，都是非常重要的。而要想帮助孩子寻找答案，父母首先自己要知道答案。实际上，父母知道答案的价值要远远大于孩子。因为孩子获取相关知识，充其量只是帮助他们了解问题的根源，而要真正解决问题，关键还在父母。

那么问题的根源到底在哪里呢？

问题的根源就在于明确父母角色的定位，准确地说，就是明确父母之爱的定位。只有对父母之爱有了正确的定位，父母才会清楚自身的价值从哪里来，才会知道如何做称职的父母；而孩子有了称职的父母，就不会为情感的纠结和心灵的伤害所困扰了。

就父母之爱的定位，古今中外很多名人学者对此进行了探讨。下面就把他们的主要观点呈现给大家，以期让父母和孩子从不同的角度对父母之爱有个较全面的认识，从而解答孩子的质疑。

父母之爱是与"生"俱来的吗？

"天下无不是之父母"和"没有父母不爱自己的孩子"是不少家长持有的看法。前者应该指的是父母也许会犯错，但只是方法问题，做子女的要包容、理解，毕竟父母的动机不容置疑，他们这么做都是因为爱孩子。而后者更加直截了当，指出所有的父母都爱自己的孩子。

然而，当理想和现实不一致，特别是出现强烈反差时，孩子不免会发出这样的疑问：父母的身份是与"生"（孩子的出生）俱来的，那么父母之爱也是吗？

心理学是怎么看待情感的呢？父母之爱作为一种特殊情感会是一种怎样的存在呢？

人格心理学认为人的情感是后天培养的，而且一旦在童年或青少年时期形成，就具有较强的稳定性，后天很难改变，即使结婚、生育都不会改变其情感特征。瑞士心理学家卡尔·荣格（Jung，1921）指出，有些人具有冷漠、偏执的情感特征。奥地利心理学家阿尔弗雷德·阿德勒（Alfred Adler，1929）也指出，有些人具有回避问题、逃避责任的性格特点。也就是说，待人冷漠、偏执、不负责任的人成为父母后并不会自动消除这些性格特征，突然就会对孩子产生怜爱之心。进一步讲，父母之爱不是所有父母都具备的。

《有毒父母》（Forward，2002）一书的作者是一名美国精神疾病治疗师，她用自己从业过程中遇到的大量案例揭示了一个残酷的真相：很多父母根本不爱自己的孩子。

可以说，从心理学角度而言，父母这一身份本身不具备天然的崇高属性。父母也与坚强、挺拔、深沉、温暖、包容等词语没有必然的联系。

实际上，父母这一称呼是男女双方在给予孩子生命后自然拥有的身份。也就是说，父母的身份无需"爱"的认证，与爱似乎没有必然联系。只要生了孩子，就自然获得了这个崇高的称呼和如此巨大的光环。现实生活中似乎也没有认证一说。

有些父母会认为：难道给予孩子生命，还不够崇高吗？难道不是对孩子的恩德吗？

父母之恩只在于生养吗？

很多父母认为他们给了孩子生命，就是一辈子都报答不完的恩情。因为没有父母的给予，孩子就不可能出现在这个世上。特别是母亲十月怀胎、一朝分娩遭受的辛苦，有人甚至用"十月怀胎重，三生报答轻"来说明母亲的恩重如山。

而且父母把孩子养大，供孩子读书，为孩子付出这么多，难道不是恩情吗？有的父母喜欢对孩子说"我一把屎一把尿把你拉扯大"，以此来形容自己养大孩子的辛苦。供孩子读书也不容易，晚饭后顾不上休息就要监督、辅导孩子功课，周六、周日还得带孩子奔波于大小补课班。

不过，孩子仍然会有他们的质疑："我也没让你生我，你既然生了我，就得养我。"这种观点也许在有些父母看来是孩子忘恩负义，但古今中外都有很多学者在一定程度上表示认同。

东汉孔融就提出了"父母于子女无恩论"，近现代的胡适、钱锺书等人均表示赞同。他们认为，生孩子在某种程度上是为了满足夫妻自己的私欲——想有一个可爱的孩子，想要一种家庭状态，遵循社会习俗以及养儿防老。

胡适在写给儿子的信中（胡适，2011）很坦荡地说：孩子本无意来到这个世界，父母也没有征得孩子的同意就给了他一条生命，甚至并非有意，何来有恩。

胡适进一步质疑：如果父母有花柳病，生下的孩子又聋又瞎，终身残疾，他应该敬爱父母吗？如果父母把家里的积蓄都赌光了，无法给孩子提供很好的衣食和教育，他应该敬爱父母吗？如果父母成为罪人，他应该爱父母吗？

国外学者也有相似观点。英国社会学学者英格丽思（English，1992）认为，父母在生不生孩子这个问题上有选择权，而孩子却没有选择是否愿意出生的权利。父母既然选择生孩子，那么就应该对这个孩子负责；孩子没有选择权，也没有选择行为，自然也没有必要为不是自己的行为负责。

英国学者凯勒(Keller, 2006)也认为，成为父母并不只是一种纯粹的利他欲望，还是为了晚年老有所依，遵循社会文化的期待或得到自己想要的一种生活状态，使自己的生活更好。对于有自恋倾向的母亲而言，生孩子还可以制造自己天然的粉丝。

这些学者认为，不仅父母给予孩子生命无恩，而且父母还有相应的义务。父母自作主张将一个生活无法自理的小生命带到了这个世界上，自然要对这个生命负责，负责把他(她)养育成人，这本就是自己做事自己当的自然结果。

胡适同样认为，父母将孩子带到这个社会，自然就有了将孩子培养成为不危害社会的人的责任。这种责任是父母必须履行的。因此，他让儿子做一个堂堂正正的人，而非孝子。

实际上，没有尽到抚养义务的父母并不少见。在古代，《韩非子·六反》就记载了"杀女婴"，即把生下来的女孩子杀死。现今，仍存在遗弃女婴、患有身体残疾或先天疾病的婴儿，甚至由于其他种种原因将健康的新生儿遗弃的现象。那么，这些被溺死、被冻饿而死的婴儿和那些侥幸活下来的弃婴，又该如何感恩母亲的十月怀胎呢？

一些没被抛弃的孩子也没有得到父母应尽的养育义务。有的父母因生活、工作压力，将他们的孩子当作生活累赘和发泄情绪的工具，他们忽视、歧视、虐待孩子，甚至将孩子当成自己个人牟利的工具。

我们往往认为，家庭仅仅是培养孩子成长的充满温暖、慈爱的环境，这是有责任感的体现，也是一种美好的愿望和追求。然而，在现实生活中，父母虐待子女的事件在世界范围内仍时有出现，种种原因使很多冷漠、冷酷和堕落的家庭不为人所知，而身在这些家庭中的孩子有苦说不出，完全处于无助状态。

父母之伟大在于爱

父母的身份意味着责任，父母之伟大在于爱。

相较于父母的文化水平和经济能力，父母之爱对孩子的快乐、成长更重要。我采访过一个家庭，夫妻俩都是小学文化程度，丈夫是货运司机，妻子在市场卖菜，两人起早贪黑地为这个家庭奔波，支持唯一的儿子读书。父母都没有什么文化，也不会讲什么大道理。但儿子从父母的行动上，看到了责任，感受到了爱。因此他学习非常刻苦，从小到大成绩一直非常突出，最可贵的是他还极其心疼和关心父母（这个家庭的情况将在"天然工具"一章中详述）。

父母本身并不伟大，是他们爱孩子的行为使他们变得伟大（Keller，2006）。父母——这一没有资格认证的身份之所以伟大，不是由于他们给予了孩子生命以及履行法定义务将孩子抚养成人，而在于他们为子女的快乐与成长倾注了爱，给予了孩子人世间最伟大的亲情——父爱和母爱。

只有父母之爱才是亲情的源泉，才是子女感恩的动力。

九、父母的期待

有些父母信誓旦旦地说，自己对孩子的爱是不求回报的。但人生无常，世事难料，在衰老、病痛、死亡面前，人人都会有无力、无助的时候。我们走在街上，为后面的人扶一下门时也会期待听到一声"谢谢"。父母为孩子付出了一生的爱，对孩子没有期待是不可能的。

然而，还有一些父母虽然没有花太多心思去培养孩子，却对孩子抱有过高的期待。一部电视剧中的台词很形象：自己飞不起来，就下了个"蛋"，让孩子去飞，将来报答他们。

爱的期待

父母对孩子的付出难以估量，他们不仅在孩子小的时候精心关照他们的生活、全力支持他们学习，孩子成年后，还要帮他们找工作、找对象、操办婚事、带孩子，甚至买房买车。

对于这些付出，有的父母声称不需要孩子回报："现在的孩子不容易，竞争这么激烈，能照顾自己就不错了。我是不需要孩子尽孝的！"他们的豁达令人肃然起敬。现在社会竞争激烈，年轻人工作生活压力都很大，在这一点上，他们说的没错。

不过，这种豁达需要底气。能够说出这样的话的父母一般工作较好，生活条件较优裕，身体也硬朗。对他们而言，退休生活就是休闲娱乐、观光旅游。他们不仅无需孩子照顾，而且还能帮助孩子买房、买车、带孩子，甚至补贴家用。

即便如此，这些父母真的就一点儿都不需要孩子吗？

想想看，随着你的年龄越来越大，身体部件越发不听使唤，病痛日渐增多。老伴自顾不暇，老友相继离去，外出旅游、朋友聚会、广场舞也淡出了生活，你的房子就是你的世界。

你开始恐惧孤独，怕被遗忘。孩子的一个问候、一次嘘寒问暖会让你温暖好几天，他们的下一个电话、下一次探望可能会成为你生活的盼头。除非病得很重，你一般不会去医院。因为一想到独自去医院，心里就隐隐发麻，有一种莫名的恐惧。这时，如果有个孩子在身边帮忙，你就会感到踏实、温暖。

当然，你还有老本，可以花钱雇保姆，也可以住进养老院。如果意外患上阿尔茨海默病，还需要孩子掌管你的老本。按道理，孩子应是你在这个世界上除了老伴以外最信任的人。

如果在这些情况下，孩子要么充耳不闻、熟视无睹，要么漫不经心、推三阻四，父母感受到的将是孩子的冷漠、嫌弃、抱怨甚至盘剥。为孩子奉献了一生，却落得被遗弃般的孤独，那将是怎样的凄凉和悲惨！

播下了爱的种子，自然期待爱的果实。即便是那些不在乎经济回报和生活照料的父母，他们也需要爱的回报——孩子的感恩。以心换心，人之常情，父母对含辛茹苦几十年培养大的孩子怎么可能没有期待呢？

这里，笔者不是提倡愚孝。中青年人上有老，下有小，生活压力大。在这种情况下，给予父母适当的经济支持和短时间的生活照料尚可，过高的物质和生活要求既不现实，也不通情理。现代的孝道应该主要在于情感关怀，情感关怀同样重要。

对"蛋"的期待

要收获爱的果实，首先要播下爱的种子。有的父母觉得，我给了你生命，你就得用一生回报我。他们不关心孩子的学习生活，只想坐享其成，指望将来依靠孩子过上好日子。

按胡适的话，有些父母把自己当成一个"放高利贷"的债主，

"生了你就是报不完的恩",绝不让孩子做"白吃不还账"的主顾。

这些父母对"蛋"的期待,往往将导致"鸡飞蛋打"。

我采访过这样一个家庭的长子,他还有一个弟弟和一个妹妹。父母过去在同一个工厂工作,分别是会计和工人。

他老实憨厚,从小在奶奶家长大,11岁时才回到父母身边。过去他被奶奶娇惯,现在却突然要做刷碗、劈柴、剁鸡食等很多家务,刚开始很不适应。

弟弟比他小一岁,很机灵,会哄父母开心,分配的家务活总是拖着不干,父母也听之任之。比如,吃完饭,该弟弟收拾碗筷的时候,他就当没看见,一直跟父母在饭桌上聊天。结果,长子看不下去,就把活干了。久而久之,分给孩子的家务活都是长子的了。

长子干活最多,却最不受父母待见。父母说他倔,跟他们不亲。

的确,刚开始的时候,长子跟父母不亲,毕竟从小没在父母身边长大。随后,看到父母偏心老二,就更加对他们有意见。长子本来话就不多,由此话就更少了。

实际上,长子内心非常渴望父母的爱。在奶奶那里,他感受过爱的温暖。他不知多少次主动讨好父母,没话搭话、抢着干活,但都无济于事。父亲会因他睡觉翻身把床板弄出动静或在房间里多走了一个来回而大发雷霆;母亲则常常会莫名其妙地生闷气,脸色一连难看好几天,使他总习惯性地怀疑自己哪句话又说错了。

他的父母认为让孩子吃饱、穿暖、上学就算尽职了。孩子考砸了,父亲就会辱骂;妹妹很小就不想读书了,母亲就把她送进了纺织厂。父亲曾对他们说:"你们以后离家越远越好,不用再回来了。"感觉是盼着要甩掉包袱。

长子觉得父母对自己不公平,也感受不到父母的关心。但他觉得母亲情绪变化无常是因为操持家务太辛苦了,而父亲脾气不好是因为自己不够优秀。他暗暗发誓将来一定要让他们过上好日子，他也渴望有一天能够听到父母说一声："老大，我们当初对你不够好，让你受委屈了。"

后来，他考上了大学、研究生，事业发展得很好。工作稍一稳定，他就把父母接到自己身边。他对父母百依百顺，每月给他们零用钱，买吃、买穿，带父母旅游从不用父母花一分钱。父母要买房，他就自己贷款帮父母在老家购房。他对弟弟、妹妹也是竭尽所能地关心帮助，帮弟弟考上大学，出资帮妹妹买房。

父母对他的态度的确渐渐发生了转变，对他明显和气了很多，在他读研期间还帮他带孩子。但他并没有得到期盼的那句"老大，我们当初对你不够好，让你受委屈了"，父母仍会莫名其妙地挑剔、甩脸色。但他安慰自己，习惯很难改，谁没有缺点呢。

然而，接下来发生的一系列事情，不得不让长子重新审视自己的亲生父母。父母在二儿子家看孩子，受到二儿子的训斥，就跑回长子家。为报复二儿子，他们怂恿长子将二儿子放在长子处的房产款截留一小部分。习惯顺从的长子没做激烈的反对，结果哥俩从此交恶。

父母在老家买房，二儿子承诺的钱迟迟不到位，他们就反复催要，一次还私下声称再不给，就到法院告他。长子反复劝父母，让他们体谅弟弟的难处，仍无济于事。结果，二儿子虽然最后出了钱，但认定是长子挑唆的，兄弟关系进一步恶化。

他们对待那个从小就辍学的女儿也看不出一点儿亲情。女儿结婚后，跟丈夫吵架，寒冬腊月的凌晨跑到父母家，却被他们赶了出去。他们说："这不是给我们老人找麻烦吗？"长子给妹妹出资买房，也被他们认为是"有钱，嘚瑟"而已。

长子，这位中年汉子，终于看清了父母的本质，哀叹："我怎么有这样的父母？"最终，他伤心欲绝、彻底绝望，只在每年春节给他们一笔钱，便不再与父母有任何往来。

在这个家庭里，根本不存在父母之爱。父母把孩子当成

"蛋"，原以为是颗"臭蛋"，没想到却蜕变成一只"鸡"，那就一起享受它带来的"肉"和"蛋"吧。孩子只是他们为自己谋利、享乐的工具，他们对"蛋"只是盘剥利用。

如果父母仅仅把孩子当成"蛋"来期待，就终将"鸡飞蛋打"。

十、温暖才是核心

前面章节讲述了父母之爱的误区和假象，那么父母之爱的核心到底是什么呢？下面的几个章节将具体阐述父母之爱的核心及其主要表达方式。

说到父母对孩子的爱，一些家长一定觉得自己给孩子提供舒适的生活，辅导孩子功课，花钱送孩子上各种兴趣班、特长班、补习班，送名校，供大学，操办婚事，买车买房，甚至照顾孩子的孩子，所有这些还不能说明自己爱孩子吗？这么付出，难道还不足以体现父母之爱吗？

的确，这些都是父母对孩子的付出，也是父母对孩子的爱。

但是，发展心理学家认为，父母的付出和父母之爱是两回事。他们不否认上述行为是父母的付出，但同时指出了这些付出背后可能存在的各种动机，如养儿防老、得到并享受一种家庭状态、不愿违背社会风俗、在孩子身上实现自我价值、通过孩子改变命运或满足父母的控制欲等。

教育心理学家认为，鉴别父母的付出中是否有爱，关键就看父母是否给予了孩子温暖。父母之爱的核心就是温暖。

温暖才是父母之爱的核心

英国心理学家和精神病分析学家约翰·鲍尔比（John Bowlby）在他著名的情感依恋理论（attachment theory）中指出，父母的温暖是培养孩子责任感、同理心、感恩、包容以及信任等美德的种子（Bowlby，1965，1969）。父母的付出只有在提供温暖的前提下才会有价值、有意义。父母提供的温暖才是决定孩子品质的关键因素，才是父母之爱最根本的特征。

一位美国心理学家（Honig，2009）发现，如果孩子在童年得不到父母持续稳定的关心和爱护，他们就会性情冷漠，对别人的痛苦缺乏同情心，容易伤害他人。

众多其他学者也从社会实践中发现，父母给予的温暖不仅是培养孩子健康人格的核心，也是培养孩子健康人际关系的关键。而缺失这种温暖的孩子往往会出现自卑、抑郁、暴躁等心理问题，甚至会出现自残、自杀或是虐待、伤害他人的行为。

既然父母之爱的核心是温暖。那么什么是温暖呢？简单来说，温暖不仅仅是孩子快乐时的陪伴、成功时的分享，更是孩子苦恼时的倾听、跌倒时的抚慰和激励。

说说我作为父亲的亲身体会吧。

记得女儿小时候，我最愿意亲她的小脸蛋，那种奶香沁人心脾。我喜欢抱着她，紧紧地把她抱在怀里，有时还会突然使把劲，似乎这样就能将这个小生命融入自己的身体里。那是一种怎么爱都爱不够的感觉。

女儿上小学时，我们将她送进了各种才艺班、强化班，我甚至还专门为她办了一个英语学习班。但只要有空余时间，我都会带她到四处走走。

有一段时间，只要周末没课，我就带她到周边城市转一转。我们住在沈阳，距鞍山、本溪、抚顺、铁岭都是一个小时的车程，清晨出发，在目标城市逛一天，晚上就能赶回来。在陌生的城市，信马由缰，就是闲逛。饿了，找个饭店吃饭；累了，找个影院看场电影。一路有说有笑，玩得随意、开心、痛快！

直到现在，一提起那些日子，女儿总是一脸的兴奋。那种快乐的陪伴一直是她温暖的回忆。

有一件事，女儿至今念念不忘。

那是在女儿八九岁时。一天早上，从起床开始，她就磨磨蹭蹭的，穿衣、洗漱、整理书包，都是慢吞吞的。我催了几次都不见效果。终于等到她坐在饭桌前，可吃饭还是慢吞吞的。

我突然生气了，喝令她："放下，别吃了，现在就上学！"然后劈头盖脸一顿训斥。

女儿不知所措，吓得哭了起来。送她上学的路上，她一直啜泣着。

上午坐在办公室里，我眼前总是浮现出女儿满是泪痕的小脸，心中的内疚感隐隐袭来，并且愈来愈强烈，以致我整个上午都心神不宁。

终于，我无法忍受自责的煎熬，在女儿上午课结束前出现在了女儿的教室门外。

女儿见到我非常惊讶。我故作平静地说要带她去吃肯德基。女儿非常喜欢吃肯德基，但我们并不常带她去吃。

"我带饭了，为什么要去吃肯德基？"女儿有些莫名其妙，她似乎已经把早上发生的事情彻底忘了。

我说："你带的饭，咱不吃了。爸带你去吃肯德基。"

女儿带着一脸困惑，跟我来到肯德基。点餐时，我告诉女儿随便点，她兴奋极了。很快，丰盛的大餐上来了。看着女儿一边埋头吃着，一边眉飞色舞地讲学校发生的事情，我的内疚感瞬间减轻了很多，一种"有女儿真好"的温暖感在心头弥漫开来。

现在，早已成年的女儿每次提及这件事，总是过来和我拥抱一下，再贴贴脸。

缺失温暖的成长很可怕

20世纪90年代，美国、加拿大和一些西欧国家的家庭领养了数千名罗马尼亚的孤儿，这些孩子都是在出生后就被父母遗弃，然后送到社会福利院的。

然而在新家庭，绝大部分孤儿表现得性格孤僻、暴躁，并有意破坏物品。养父母通过让自己的亲生子女陪他们玩耍、带他们参加社区活动等各种方式，试图帮助他们融入新的生活，但很多人在成年后仍然缺乏独立生存能力。

这一情况激发了心理学家的浓厚兴趣，于是他们对此进行了深入的调研。通过磁共振影像仪对这些孩子的脑部进行扫描，他们发现与正常孩子相比，这些孩子脑细胞的数量较少，大脑内部结构也出现了明显的异常。

专家(Fisher，Ames，Chisholm，& Savoie，1997；Nelson，Fox，& Zeanah，2013；Rutter，1996)最后得出的结论是：出生后九个月内没有得到父母[(外)祖父母]拥抱、抚慰的婴儿患精神疾病的概率极高，2岁以前没有得到温暖的孩子患抑郁症等精神疾病的概率极高，这些疾病几乎终身无法治愈。2岁以后得不到家庭温暖的孩子，出现心理问题的概率也比正常家庭的孩子要高很多。

当孩子得不到父母或其他家长的温暖时，以他们当时的智力水平，会自然而然地认为是自己不可爱、不好，他们没有能力也不会去思考是不是父母缺乏爱的能力。渐渐地，他们会变得越来越沉默，一旦出现问题，他们就会认为是自己做得不好，会习惯性地自责，把过错揽到自己身上。久而久之，就会变得懦弱、自卑，甚至会产生抑郁倾向。可见，缺乏温暖对孩子的心理健康来说是巨大的灾难。

爱和温暖本来应该是一体的，有爱自然就有温暖，温暖本就是爱的一部分。然而，由于各种各样的原因，并不是所有的父母都具备爱的能力，都懂得如何爱孩子。而父母之爱中如果缺乏了温暖，这种爱也就失去了核心。

既然知道了温暖对孩子心理健康的重要价值，那么父母之爱的温暖具体体现在哪些方面呢？

十一、关注、陪伴和爱护

让孩子吃饱穿暖，供孩子上学，难道这些还不是爱吗？

的确，这些都是付出，但做到这些只是尽到了父母在物质上对子女的养育和照顾的法定义务。爱离不开物质，但爱本质上是一种情感，是一种情感的付出。

对西方国家的调研（Bookman & Kimbrel，2011；Merrill，1996；Sarkisian & Gerstel，2004；Shuey & Hardy，2003）显示，工人家庭的孩子与父母的感情往往比中产阶级家庭的要深。也就是说，并非物质越丰富，情感就越深厚；物质条件不那么优裕的家庭，父母与子女感情好的情况反倒更多（其内在原因，会在有关家务的章节中详述）。物质付出和情感投入并非正相关关系，父母的情感投入才会给孩子带来温暖，才是对孩子的精神滋养。

看到这儿，有的年轻父母一定会说，现在我们上有老、下有小，整日忙于生计，自己都焦头烂额，哪儿有时间去倾听？哪儿有心情去抚慰、激励？这不是强人所难吗？

是不是强人所难其实很容易判断，只要将生活简单逻辑稍加推理，就可以得出结论。

关注与陪伴

这是一条简单且常人都会不自觉遵循的逻辑：如果一个人喜欢做一件事，一定是一有时间就会去做，即使一时没时间，也会想方设法抽时间去做。比如，一个小孩喜欢电动玩具，那么他一定会对这个玩具爱不释手，整天都在摆弄它；一个人喜欢美容，就一定会关注各种化妆品，甚至还可能会选择医疗美容；一个人喜欢玩电子游戏，也一定会一有时间就坐在电脑前或拿出手机；一个人喜欢广场舞，也一定会每天准时出现在公园。

同理，如果家长关注孩子，那么即使他们工作再忙，也一定会抽时间去了解孩子的情况，关心孩子的进步。即使早出晚归甚至工作到午夜才回家，也会到孩子床前看一眼，周末会尽量在家了解一下孩子的学习情况、陪孩子玩一会儿。即使不在一个城市，也会常常给孩子打个电话。对这些父母而言，孩子的一个拥抱，一声"爸爸""妈妈"，就能消除他们一天的疲劳。

家长关注孩子，他们也一定会陪孩子玩耍或给孩子读书，指导孩子作业。孩子幼儿时，和孩子玩拍手游戏、躲猫猫；孩子6岁时，和孩子玩变魔术、钓鱼；孩子12岁时，和孩子玩乒乓球、羽毛球、篮球等。关注孩子还可以是给小一点儿的孩子读书，为大一点儿的孩子指导作业（如果父母有这个能力的话）。家庭活动也很重要，如一起看电影、去游乐场、郊游、度假，或者只是静静地看着孩子在海边堆沙堡。

在这些关注和陪伴中，家长会有无数的机会观察孩子，更好地了解孩子。他们是如何做作业的？如何学习的？孩子对什么感兴趣，对什么不感兴趣？在哪些活动中他们很勇敢，又在哪些活动中感到很恐惧？这些关注与陪伴都能给家长提供关键信息，同时给了他们指导教育孩子的无数机会。而只有愿意付出情感的父母才会在乎这些信息，才会珍惜这些机会；也只有愿意付出情感的父母才会愿意付出时间、精力并用心安排。观察、了解、指导孩子不仅费时费力，而且常常显得单调无聊，只有对孩子抱有深厚的爱，父母才会做出如此大的奉献。

如果一个父亲整天在外面忙工作，回家只是看手机、电视；一个母亲把业余时间大多用在了梳妆打扮、玩手机、逛街甚至打麻将上，几乎与孩子没有什么交流。那么，即便父亲告诉孩子他这么努力都是为了他（她），母亲告诉孩子她是如何爱他（她），也很难让孩子相信父亲真正爱的不是他的事业，母亲真正爱的不是她自己。

一位母亲曾向我提出了这样的疑问。她说自己每天送女儿上学、放学，但是这个13岁的女儿就是跟她不亲，任凭她怎么说爱孩子，孩子都无动于衷。

在我的简单询问下，真相很快浮出水面。原来，这个女儿从小就一直由爷爷奶奶带，家里的一日三餐都是爷爷奶奶做。这位母亲两三年前才回到她身边，但每天什么活都不干。直到女儿一天天长大，才开始接送她上学、放学，希望挽回女儿的心。显然，为时已晚。爱不是表现的意愿，而是实际的行动。女儿心里非常清楚真正为她付出行动的人是谁，知道爱她的人是谁。

孩子遭遇挫折和病痛时的爱护

没有人喜欢坏消息，逃避不好的事情几乎是人的本能。父母也是人，本能上他们也不可能喜欢坏消息。得知孩子没考好时，父母肯定不高兴；对于孩子的某个不应该犯的错误，开玩笑地说"这个错得很愚蠢"。这些反应都很正常。

然而，如果父母对孩子考试失利，说出"笨得不行""窝囊废"；对孩子想报考名牌大学的念头，说出"癞蛤蟆想吃天鹅肉"，那性质就大不一样了，这种训斥和嘲讽是在无情地伤害孩子的自尊和自我价值，它在给孩子传递一种信息：你的智商太低，失败是必然的，你不配也不可能成功做到。

如果看到孩子在表演节目时意外摔倒，妈妈就这样斥责她："你怎么就不能小心一点儿呢？你这不是让我难堪吗？"那么这位母亲真正在意的只是自己的形象。

父母应该有别于他人，对自己的孩子，他们不仅要爱其强，更要爱其弱。父母看到孩子闷闷不乐的时候，不应该置之不理，要在适当的时机以适当的方式了解孩子遇到了什么问题。即便再不喜欢坏消息，也不能让孩子一个人孤独地去面对、承担。对父母而言，不仅孩子的快乐是自己的快乐，而且孩子的痛苦是自己的痛苦，因此他们在适当的时候必须知道，也必须介入。

孩子生病了，有些父母会火冒三丈。孩子咳嗽得很厉害，会遭到呵斥："停，停，你到底是怎么回事？"他们会反复责怪孩子为什么不多穿点衣服，多穿点衣服不就没有这些事儿了吗？斥责孩子"活该"。孩子生病了，自然要父母带去医院检查、治疗，在这些父母眼中，这不仅要花钱，而且还要跟单位请假，影响工作，很麻烦。

没有人喜欢麻烦，孩子也的确应该多穿点衣服。但是，事情已经发生了，孩子也毕竟只是孩子，教育孩子下次多穿些衣服也是必要的。但问题的关键是看到孩子的痛苦，如看到孩子发着烧、剧烈地咳嗽时，父母是否心疼，是否愿意分担孩子的痛苦。这时，如果父母不仅仅没有心疼，反倒大声斥责，让孩子再遭受精神折磨，那么，父母如何有别于他人？父母之爱又体现在哪里？

父母之爱不应该伴随着贬低、伤害和嫌弃，也不应让孩子产生憎恶自己的情感。

从本质上讲，父母之爱不是父母物质上对孩子应尽的义务，而是在情感上对孩子的滋养。只有充分的关注、陪伴和爱护才会让孩子感到被接纳、被关心、被重视、被尊重，才会让孩子感到温暖，产生快乐、安全、稳定的感受和内心的平静。只有这样的爱，才会滋养孩子的灵魂（Forward，2002）。

父母要在孩子一出生时就播下这粒情感的种子，不断用温暖去浇灌、培育，让它生根发芽，茁壮成长。为人父母，再苦再累，都不要忘了关注、陪伴和爱护孩子。

十二、倾 听

关注孩子是表达父母之爱的主要形式之一，而倾听是关注和陪伴的首要内容。

有的父母常抱怨孩子"总是把大人的话当耳旁风，说一百遍就像没说过一样"。抱怨孩子跟他们说话越来越少，甚至主动找孩子聊，孩子都懒得搭理。

这些父母没有意识到问题出在了他们的倾听方面，他们不知道如何跟孩子分享感受。这一章就专门讲一讲倾听。

倾听的价值

有些家长可能会觉得"听"有什么难的，但"倾听"，多了一个"倾"字就大不一样。因为"倾"是"倾心"，这就意味着专注。

如果一个人真正想倾听，他一定会把其他的事情放下。同理，如果一个家长真正想倾听孩子的声音，他就一定会把其他的事情先放到一边，让用于倾听的时间完全属于孩子——这就是孩子的时间。如果你不想把其他的事情，比如你的心事、忧虑等先放到一边，那么你其实是不愿意倾听的。

倾听会很辛苦。当孩子急切地凑过来时，他们一定是在外边遇到了什么事情，心里憋了一肚子话，渴望分享、征求看法。专注于听一个6岁的孩子说话和听一个成人说话所付出的辛苦是不一样的，孩子说话往往东一句、西一句，还不时伴有重复和停顿，这样专注地听他们说话很费时费力，特别是孩子说的那些事情可能对成人来说并无吸引力可言，但听他们说话却需要付出双倍于听成人说话的注意力。

因此，真正的倾听是一种爱的劳动，没有爱就不会有倾听。

"倾听"是专注地听完孩子想说的话，它传递的信息是：孩子，你对我很重要。

倾听是父母给予孩子尊重的最具体的证明。倾听会让孩子感受到自己被重视、自己是有价值的。没有比这更好的方式来告诉他们自己是有价值的人。孩子越是感受到自己受到重视，就越会说出、做出有价值的事情，也会越有助于实现父母的期待。

同时，父母越是倾听孩子的话，就越会从他们结结巴巴、幼稚的喋喋不休中发现有价值的东西，就越会感觉到孩子是独特的个体，越能发现孩子的独特性，进而越愿意倾听。这样，父母对孩子的了解就会越多，也就越清楚应如何教导他们。

有的父母对孩子知之甚少的原因恰恰在于没有真正的倾听，他们教导孩子的东西要么不适合孩子，要么孩子已经知道了，甚至比父母知道的还多。

父母越是认真倾听，孩子就越清楚父母对他们的重视，他们就越会把自己当成不一般的人。反过来，他们也就越愿意倾听父母说话，给予父母同样的重视，也就越渴望从父母身上学到新的知识。而他们学得越多，就越可能成为不一般的人。

看到这里，读者应该能够感受到一个成长进步的良性循环的形成。重视创造重视，爱引发爱，父母和孩子就会越来越彼此重视、彼此关爱，孩子自然就会产生更强烈的家庭归属感。

倾听方法

第一，父母要耐心听孩子讲完。在孩子讲述时，除非需要澄清细节，否则尽量不要打断孩子。要理解孩子表现出来的情绪，耐心听完，不急于发表自己的看法。

第二，孩子讲完后，如果他们还没有表明自己的态度，那么父母还要问一问孩子的看法。如果孩子已经表明态度，那么就要问一问他们为什么会这么想。要以这种方式锻炼孩子独立思考的能力。

让孩子畅所欲言非常重要。只有这样，父母才能了解整个事情的经过，才能清楚孩子的态度和内心想法，也才能对孩子的学习状况、人际关系以及思想活动有较全面客观的把握。

此外，父母还要能够判断何时需伴装倾听、选择性倾听，何时需要直接叫停孩子。

当孩子想要的只是亲近而非沟通时，父母可以假装沟通。比如，一个6岁的女孩喜欢叽叽喳喳，说话会给她带来一种纯粹的快乐，而她说的并没有什么实质的内容。这种情况下，给予她关注没多大意义。因为她并非渴望关注，自说自话就会让她很快活。她或许不满足于自说自话，想和家长互动一下，就会在家长身前身后转来转去，这时家长假装倾听就足够了。因为在这些时候，孩子想要的不是沟通，而是简单地与父母亲近，所以父母的假装倾听就足以给孩子"与你在一起"的感受。

对于孩子有一句没一句地聊，父母还可以采用选择性的倾听。在这种情况下，父母的选择性倾听不会影响到孩子的谈兴。因为这时孩子自己就是在进行有选择的沟通，这是"游戏规则"。也许孩子所说的话中只有一小部分内容需要或渴望得到父母真正的倾听，这就要求父母注意观察，敏锐地察觉关键信息，及时给予指导或介入。前面提到过，认真倾听一个6岁的孩子说话要付出比听成人说话多一倍的辛苦，而选择性的倾听稍不留神就可能错过关键信息，这就给父母带来了一个复杂的任务：根据孩子不同的需要并通过观察孩子的细微变化来判断自己应该如何倾听。

有些情况下，父母则有必要直接告诉孩子停下：当孩子不礼貌地打断别人，或孩子抢风头、带有敌意地压制其他小伙伴时。孩子的这种说话方式明显是对别人的不尊重，家长必须立即叫停，让孩子意识到问题的严重性。随后，再私下告诉孩子他们到底错在哪里(Peck，2008)。

如果父母正在做一件非常重要的事情或在休息时，孩子进来干扰，也应该立即制止他们。但制止的同时应告诉孩子等自己忙完或休息过后再聊，不要甩出一句"我正忙着呢，别烦我"，不要让孩子觉得自己无关紧要。

父母在倾听时必须专注，但偶尔疏忽也不要紧。父母可以坦荡地说："抱歉，刚才有一点走神，你能把上两句再说一遍吗?"承认自己走神不会影响孩子对你的看法，因为这正说明你是一个真正愿意对孩子负责任的人，而且也在确认其他大部分时间你是在认认真真地倾听的。

与不同年龄段的孩子沟通的策略也是有差别的。儿童更多地需要非语言上的沟通，如一起做游戏；而青少年虽然需要父母倾听的时间少得多，但更需要全神贯注的倾听。青少年很少会漫无目的地喋喋不休，但一旦他们张嘴说话，父母就一定要更专注地去倾听。

此外，父母无须为沟通固定一个时间段，因为往往孩子不想聊的时候，父母主动去问也没有意义。

总之，父母的倾听就是爱在行动(Peck,2008)。不过，倾听只是关注的第一步。父母通过倾听，不仅要了解事情的经过、清楚孩子的想法，而且要与孩子分享自己的感受。

十三、分享感受

分享感受同样是关注和陪伴的重要内容。

有的父母不愿意跟孩子谈自己的事情，认为孩子什么都不懂。特别是谈发生在自己身上的一些不愉快的事情，觉得可能有损父母形象，还可能给孩子增加不必要的担忧。但他们疏忽了一点：父母的经验教训可以帮助孩子少走很多弯路。

还有的父母喜欢居高临下地教训孩子，比如说类似"你不要想太多了，要团结同学"这样的话。这样一来，孩子会感觉自己的烦恼得不到父母的重视、理解，自然也不会服气父母空洞的说教。

实际上，可供分享的感受不仅限于经验教训，它大体涵盖三个方面：分享快乐、消解烦恼和激发斗志。下面，我就结合自己教育女儿的经历，谈一谈在这些方面的体会。

分享快乐

分享快乐是最轻松的。当孩子告诉你，自己英语考试取得了很好的成绩时，当然要热烈地祝贺。击掌相庆也好，拥抱祝贺也好，父母发自内心的高兴会让孩子感受到：他们的快乐，就是父母的快乐；他们的荣誉，就是父母的荣誉。

热烈的祝贺之后，有的家长习惯于很快补上一句"但不能骄傲哦"。有时刚有个"但"的口型，孩子就直接截击："我知道了，但不能骄傲。"胜利来之不易，喜悦自当尽享，然而需要注意的是，"但"字不仅不应来得太早，而且必须具体，如详细问一下哪些地方丢了分，具体又打算如何改进、提高，等等。

每次女儿成绩下来，我都会跟她坐下来一起做个自我评估，遇到精彩处，夸一夸；碰到疏忽处或盲点，问问为什么。这样既能鼓励到点子上，又可切中要害；既为孩子指明了努力的方向，也消除了她潜在的骄傲自满。

对于数学、物理、化学等父母一般没有能力指导的科目，也是有办法的——让孩子简述知识要点。女儿在中学的时候，我对她所学的那些公理、公式、演算等已全无记忆，但仍可以指导她，并且很有效。方法就是告诉女儿："每学一个知识点，哪怕是一个数学公式，都要思考它是做什么用的，即有哪些实用价值。特别是跟你的生活有什么关系。"只有弄清楚这些才能帮助孩子感受学习的价值，激发她的学习动力，最后帮助她找到自己未来最佳的发展方向。

有时，孩子会说她不知道，甚至说老师也不知道。我就告诉她去查资料，并反复强调："任何事物的存在都是有原因的。即便是看似荒诞的东西，也有它背后的逻辑。"

简述知识要点及思考其实用价值大大加深了孩子对知识的渴求和理解。几年下来，女儿不仅学习成绩越来越好，而且批判性思维能力也显著提高了，每天似乎都能找到话题跟我辩论。

消解烦恼

消解烦恼是分享感受的第二个重要内容。虽然孩子暂时不用为生计担忧，但成长中的烦恼和困惑同样容易让他们感到痛苦和沉重。

老师、同学与孩子朝夕相伴，他们既是快乐的来源，也是烦恼的源泉。孩子有时会不理解，为什么老师似乎有意忽视自己？为什么有的同学对自己前一天热情友好，后一天就突然不屑一顾？为什么帮助过的同学会不再愿意跟自己交往？为什么非常要好的同学也会嫉妒？等等。

孩子受了委屈，有了困惑、烦恼，一些家长却不当回事儿，他们只是居高临下地告诫孩子别往心里去，要包容、大度，要尊敬老师、团结同学。然而，这些大道理既不能缓解孩子的委屈，也不能消除孩子的困惑、烦恼。

女儿上初中之后也遇到了类似的情况。了解情况后，我会告诉她："你的感受，我完全能够理解；如果我是你，也会有同样的感受。"然后，我会帮她对不同的语言、行为模式进行分析，并结合自己的经历进行讲解。

我会告诉她：老师也是人，也有人性的弱点；同学间的性格和品质差别也很大，不是所有同学都可以成为你的挚友。尊敬老师，但也要展示自己的思想深度；团结同学，但不要与结交朋友混为一谈。

每次讨论，女儿都非常兴奋、投入。每次讨论结束，都能看到她释然、愉快的神情。此后的一段日子，每天放学回家，她都会手舞足蹈地说她是如何结合自己的新观察，来分析一些同学的言行的。

女儿刚到澳大利亚中学的时候一度非常苦恼。起初，新学校的同学对她都很热情友好，但新鲜劲儿过后，她的身边很快就冷清下来了。同学们都有自己的朋友圈子，而且没有一个说汉语的，对她的主动搭话也往往没有太多回应，这让她倍感孤独。

我告诉女儿：做一个独立的、有思想的人，就一定要学会有尊严地独处。要学会享受孤独！于是，女儿不再主动去结交朋友。随着她的表现越来越好，成绩越来越突出，同学们反倒主动找她了。

从中学开始，女儿就喜欢半开玩笑地跟人说："你们知道什么最可怕吗？就是你的爸爸既懂心理学，又懂教育学。"听得我心里美滋滋的，她这是夸我既了解她又懂得如何教育她呀！

激发斗志

最后，激发斗志在分享感受中同样非常重要。当孩子遭遇挫折、失败的时候，他们最需要的是父母的激励。

孩子考试没考好，有的父母只是说"下次好好考"，这样的话说了等于没说。有的父母还会在孩子伤口上撒盐,说"本来就不是那块料"或"你真是太笨了"。孩子听了会更加沮丧,甚至怒火中烧,更无法理解父母。

父母要做的是陪孩子坐下来,坦诚地同孩子分享自己的经历,尤其是遭遇挫折和失败的经历。要让孩子明白:挫折是成长的一部分,不是坏事,它不仅能提醒我们反思学习的策略和方法,而且也是一个磨炼性格、意志的机会。失败、怀疑也是人生的一部分,越早接触、了解,越有利于孩子的成长。

父母可以告诉孩子:人生是一次长跑,成功最终一定属于那些有着百折不挠的意志的人。告诉他们:遭遇失败,说明你在追求进步;不断遭遇失败也不要气馁,经过适当的总结反思后,你一定可以继续追求进步、努力成长。

父母与孩子分享亲身经历和感受是最有说服力的。不要跟孩子讲一些大道理,因为任何道理都有一定的适用范围。人不是机器,一味地用一个模具去套显然行不通,也无法让孩子信服,结果只能是孩子越来越不愿意跟父母沟通。

父母不仅需要耐心去倾听孩子的烦恼,还要与孩子分享快乐,用自己的知识和阅历消除孩子的烦恼,激发孩子的斗志。父母用亲身经历与孩子分享感受,不仅能让他们汲取父母的智慧,而且能让他们感受到父母之爱的温暖,这些对他们的心灵成长非常重要。

十四、一根矮树枝

父母之爱的核心是温暖，而温暖不仅是关注、陪伴和爱护，还是放手——不要强迫孩子做自己不感兴趣的事情，也不要逼迫孩子去实现其能力永远无法企及的目标。

很多父母认为自己的孩子与众不同，相信只要功夫深，铁杵就能磨成针，于是他们竭尽全力想把孩子培养成自己期望的那个人。然而，结果有时会事与愿违，甚至酿成悲剧。

有句土耳其谚语说：上帝为每只笨鸟都准备了一根矮树枝。可见，父母不应强迫子女去够那根不属于他们的高枝儿，让子女做好自己，快乐地生活才是最重要的。

孩子真的与众不同吗？

"世上没有完全相同的两片树叶。"可以说，我们的孩子确实"独一无二"，但"独一无二"并非意味着出类拔萃意义上的与众不同。

一些专家强调每个孩子都有自己的特质，鼓励父母要有"伯乐"的眼光，去发现、挖掘孩子的特质。那种14岁进中国科学技术大学，18岁进麻省理工学院，21岁拿到物理学博士学位，其间还在《自然》杂志上发表了文章的人实属凤毛麟角，而且曾经的少年天才很多最后都默默无闻。

一段时间内，各种才艺班如朗诵、唱歌、舞蹈、钢琴、小提琴、绘画、书法、围棋等遍布大街小巷，大多都有级别证书，而且还有各种表演和比赛，家长和孩子们忙得不亦乐乎。

"出名趁早"是一些家长的动机。但残酷的现实是没有多少人能取得世俗意义上的成功。而且，因过早成名而迷失自己的例子也屡见不鲜。据加拿大魁北克大学佛朗索瓦·加聂教授（Françoys Gagné）的研究，世界上有天赋的人口占总人口的10%～15%，极其有天赋的仅占1%～2%。而天赋也并非意味着成功，有天赋却一生一事无成的人比比皆是。

世界名著《人生的枷锁》（*Of Human Bondage*）里的主人公菲利普在巴黎专攻绘画之后发出这样的感慨："二流的医生、会计、教师、律师都可以谋生，甚至活得很好，但有谁会要一个二流的艺术作品？！"

有的家长会说，我们只将才艺作为孩子的一个兴趣来培养。挖掘、培养孩子的兴趣当然很好，但这里面有一个投入度的问题。这个度就是到底要投入多少时间、精力和金钱才能既培养了孩子的兴趣爱好，丰富了孩子的生活，又不至于影响到孩子正常功课的学习。此外，更重要的是在投入时间、精力和金钱的过程中始终保持清醒的头脑，不至于影响自己和孩子对待这项"兴趣爱好"的心态。

我采访过这样一个家庭：儿子钢琴过了十级，父母陪他到处参赛，他也拿过很多省市级的奖项，还举办过个人专场演奏会。可现在，他在大学读生物工程，跟音乐一点儿瓜葛也没有。我问他妈妈，儿子平时弹琴吗？她一声长叹："碰都不碰！"

"碰都不碰"的还有一名16岁的女孩，她从小就练钢琴，也考过了七级。但上高中后，由于功课繁忙，根本没有时间练习，久而久之，技艺便生疏了。她告诉我，自己都不好意思提自己是钢琴七级，生怕万一被邀请演奏，那就糟大了！

其实，两个孩子都曾琴艺精湛，学业出色，并且得到了美的熏陶。只是在近十年的时间、精力和金钱投入的过程中，家长和孩子对待这项兴趣爱好的心态发生了转变，不同程度上地走入了功利的"死胡同"，以至于最后不能正确面对表面上的所谓"碰都不碰"。之所以出现这种情况，往往是因为家长只是为了培养兴趣爱好而替孩子选择"才艺特长"，既没有充分理解兴趣爱好对于孩子的真正意义，也没有考虑到孩子的真实兴趣所在。

因此，家长不应把大量的时间和精力浪费在孩子并不喜欢的"才艺特长"上，一厢情愿地把他们送进各种才艺班而忽略了他们童年的快乐。培养要尊重孩子的兴趣，否则孩子就没有激情；既要求孩子持之以恒，也需要父母把握一个度，要为孩子准备一根"矮树枝"。

兴趣第一，坚持有度

父母在培养孩子才艺的时候，一定不要根据自己的主观意愿，盲目地强迫孩子去培养某种兴趣爱好。很多人只看到了郎朗的成功和郎朗的爸爸对他的严格要求，却没有意识到郎朗的爷爷是音乐教师，他的爸爸是二胡演奏家。前面两个例子中，父母的职业和兴趣都与音乐无关，他们也未能充分考虑孩子对于音乐学习的感受。结果，虽然培养了孩子十来年，也推着孩子在这方面取得了一些成绩，但最终还是无法接受孩子跟音乐没有任何关系。

当然，这里不是说没有父母的遗传，没有家庭的熏陶，就没必要尝试。尝试是可以的，只是要把握一个度。

我们大多是普通人，我们的孩子也是。普通到只有不懈地勤奋努力才能提升自身的素质，才能具备出色的能力；普通到由于遗传因素、环境因素，无论你的孩子多么努力，总会有很多孩子在某些方面强过他。

家长应注意不要盲目攀比，跟隔壁的、楼上的、同事的、朋友的孩子攀比，会让自己的孩子苦不堪言。孩子尽力就好，因为幸福源于我们自己每日的努力、点滴的积累和进步。

因此，父母在努力培养孩子的时候，要尊重孩子的兴趣爱好，在鼓励孩子要坚持的时候，更要把握好一个度。记住那句话："上帝为每只笨鸟都准备了一根矮树枝。"

十五、爱自己

父母不仅要爱孩子，还要爱自己。爱自己，就是要重视自我价值，做独立的自己。父母只有做独立的自己，才能培养出独立而自信的孩子。

要做自己，首先不能神化自己。

父母不要自我神化

学校和媒体都在宣传塑造父母伟大无私的光辉形象：勤俭朴素、任劳任怨、无私奉献。在孩子的作文里，也一定要找到"抚摸着妈妈的双手，我摸到了艰辛"的感觉。教育和文艺具有神圣的社会责任感，肩负着引导社会和教育人民的使命，旨在唤醒年轻人对父母的感恩之心以承袭孝道。这无可厚非，完全能够理解。

但父母要清醒，自己不是神，不可能做到神圣得伟大无私，容不得半点儿渺小。

父母是人，不可能做到绝对的伟大无私；父母不是超人，也不可能没有任何疏忽。有的父母觉得只有为孩子彻底奉献才配得上父母这一称呼，必须像仆人似的天天围着"小太阳"转，如直升机般随时待命支援。然而一旦如此，父母若稍有一点没有达到孩子的期待，都可能被理解为不那么爱他们了，至少是不那么无私。试问，买六寸的生日蛋糕是不是就没有买八寸的那么爱孩子呢？1500元的手机所包含的爱是不是就比2000元的少一点儿呢？"伟大无私"会极大地提升孩子对父母的期待，会让有些父母不敢轻易拒绝孩子的要求。反过来，父母任何一点儿节省、疏忽、拒绝，都可能被孩子暗暗记在心里，作为父母不爱自己的证据，引发不满甚至是怨恨的情绪。

同时，神化的定位会让孩子将父母的付出视为理所应当，认为这是父母的天职，是父母在履行义务，是天经地义的。结果就是孩子理直气壮地接受、索取着父母的付出和牺牲，丧失了对父母的感恩之心。当父母失去利用价值的时候，那些暗藏的不满、怨恨就会浮出水面，成为冷落、指责、遗弃父母的借口。

永远独立

父母要特别清楚自己首先是人，是独立的个体，然后才是父母。

是人，就会有需求。父母也会有自己的社交活动，有自己的事业，要实现自己的价值；同时，也需要享受生活，感受世界。是人，就会有软弱的时候。父母在身体疲惫或者心情不好时，也可能对孩子疏于照顾。

有能力的父母也要全面地准备好自己的晚年生活，无论是在经济上还是在身体上。只有这样，晚年才能够独立起来，享受夕阳生活。孩子需要帮助的时候，父母也可以给予适当资助。如果孩子对父母的付出影响到他们自己的生活质量，父母也会有能力给他们相应的经济补偿。

对于有能力的老年父母而言，相较于身体，财务独立似乎尤为重要。因为再好的身体都抵挡不住岁月的侵蚀，衰老是自然法则，无人能够逃避，而父母的老本——财务独立则不仅可以让自己少一些痛苦，多一些舒适，而且可以少给子女带来一些不必要的麻烦。

目前，养老方式渐趋多样化，不仅有居家社区养老，还有不同层次的机构养老，父母有更多的选择，财富积累不必过高，经济压力也可调节。父母既可以享受独立的夕阳生活，又不拖累孩子。这样，孩子偶尔的电话问候、登门探望、帮忙做饭、聊天和散步，都会让父母感受到浓浓的亲情，给父母一种情感寄托。父母如果遇到生病等紧急情况，孩子会第一时间赶过来帮忙。父母如果聘用保姆，子女将会成为他们最值得信赖的人去进行安排、监督。父母如果患上阿尔茨海默病等疾病，也会有可信赖的子女来掌管他们的财务。

而若年老时无法财务独立，仅仅依靠儿女养老，则很可能"两败俱伤"。例如，一个71岁的女儿照顾她92岁的母亲10年。老母亲患有阿尔茨海默病，离不开人，女儿只好一直守在家里。10年下来，自己也进入了老年的女儿心力交瘁。如果老母亲有一定的积蓄（或者女儿有一定的积蓄），聘用保姆或护工来分担一部分压力，那情况就可能大不一样了。

因此，父母在有能力工作的时候，要尽量积蓄自己的经济力量，否则"孝顺"就可能变成一件奢侈品，不是每个子女都承担得起的。

独立能赋予尊严

独立不仅可以保证父母的生活质量，而且也能让父母活得有尊严，包括在与子女的关系上。

我认识一位企业的前领导，他已年近七旬，妻子过世多年，现在跟儿子一起生活。在他工作时和退休后，儿子对他的态度可谓天壤之别。

认识他是在一次聚会上。那时他还在岗，儿子正在美国的大学读书。一起聊天时，儿子言谈举止中对他毕恭毕敬。不时还会怯怯地偷看他的反应，生怕哪句话说错，惹爸爸不高兴。时隔10年，再次在一个聚会中见到他们的时候，情况已经发生了彻底逆转。儿子清高傲慢，说话有着点拨"迷途羔羊"的气势；而他爸爸明显话少多了，说话间还不时瞄一下儿子的脸色，似乎在期待着儿子的首肯，儿子则佯装不知，看都不看他一眼，彼此目光毫无交汇。此时，儿子已毕业回国，靠着爸爸提供的资金成功在大城市创业。而爸爸早已退休，从小带大的小孙子也快上小学了，自己身上已没剩下什么积蓄。

在此后不久的一次聊天中，他告诉我，儿子每天和他见面时连招呼都不打，儿媳更是时常摔筷子、摔门。他突然哀叹："人老了，没用了，活着没有尊严了！"眼神、语气中透出无奈、无助和凄凉。

一些父母可能觉得难以置信，觉得自家孩子平时会电话或微信问候，母亲节、父亲节、生日有祝福和礼物，甚至找对象都说要找能够孝敬父母的。他们不相信，或是不愿相信，孩子将来会对他们这样！

无论这些父母愿不愿意相信，都不能排除这样一种可能性。那就是现如今，孩子尚未独立，或是还需要父母的帮助，而父母有资产、有资源、有能力来支持帮助他（她）。随着时间的推移，父母与孩子的资产、资源和能力逐渐此消彼长。终于，父母的个人资产大多已投到了孩子身上，供孩子上学、成家、立业，甚至购房，各种社会资源也消耗殆尽，在帮忙带大孙辈后，他们最后一点利用价值也消失了。而孩子经历了学习、工作、结婚、生子，生活已彻底独立，事业也在不断上升。

这时，两代人的关系已发生了彻底的倒转，过去强大的父母垂垂老矣，各种老年病接踵而至，反倒需要孩子关心乃至照顾。而孩子已强大起来，有自己的事业和自己的小家庭。

如果父母在孩子小的时候忽视了对孩子感恩品质的培养，没有让孩子养成为家人付出的习惯，那么这时，被疏远、嫌弃的悲剧几乎不可避免：父母太伟大无私了，从没要求过孩子付出；孩子什么道理都懂，可就是没有养成付出的习惯。

独立就是给子女体谅

有人说，独生子女是幸福的，父母给了他们全部的爱，不分摊，不打折。可是，小时候百分之百的宠爱，就意味着长大后百分之百的责任。当他们长大成人后，独生子女所承受的压力也是难以想象的。

20世纪八九十年代出生的独生子女现已步入成年，他们成家后，上有四个老人，下有小孩需要辅导教育。平时还好，一旦老人生病，既要带着去医院做检查、治疗、陪护，又要接送孩子、买菜做饭，甚至常常不得不放下工作。

即便父母身体很好，孩子把父母接到身边，但因为生活压力大，每日早出晚归，也很难拿出大把时间陪伴父母。

因此，父母保持心灵的独立，拥有适当的经济能力，永远做自己，不仅能给自己尊严，而且是对孩子最大的体谅。父母对孩子的需要应该存在于情感层面。只有这样，孩子才能够成为父母在这个世界上最亲密、最值得信任的人，父母发生意外情况时，才需要出手相助。

总之，父母是人，不是神化的仆人。父母要从神坛上走下来，可以伟大，但没必要无私，更没有必要做仆人。

第二部分
品质成长与安身立命

虽然爱的温暖为孩子的品质成长提供了源泉，但如果忽视了对其坚毅、延迟满足、自律等品质的培养，他们仍难以自立，更不会取得事业上的成功。

如同一个人习惯了刷牙或去卫生间一样，父母需要通过管教约束帮助孩子抑制住人类好逸恶劳的第一天性，将上述品质变成他们性格的一部分。

这一部分首先讲述错位的培养观念和做法，如只关注成绩、过度关心、怕犯错、控制、"富养"等，然后阐述如何培养坚毅、延迟满足、自律等品质，以及如何鼓励、批评孩子，如何教导孩子应对委屈等。

一、只要学习好就足够了吗？

"知识改变命运，学习成就未来"无疑是正确的，但过度重视成绩往往带来很多问题，对孩子的成长反倒不利。

很多父母坚信：学习好比什么都强。他们只要求孩子学习，其他都不用管。他们认为只有学习好才能有好工作，有好工作才有尊严，生活才会幸福。

对于经济条件好的父母而言，高分关乎孩子未来的幸福，也关乎自己的荣誉和面子。而对于那些生活艰辛的父母而言，高分还关乎改变全家的命运，关乎自己的晚年幸福。

为了帮孩子得到高分，父母想方设法找好幼儿园、好小学、好中学，费尽心思请名师，他们的目的只有一个——好成绩，好点儿、好点儿、再好点儿！父母为了帮助孩子得到高分，可谓倾尽全力。

有一次，我在沈阳打车，与司机师傅聊起孩子。他感叹自己一个月工资5000多元，妻子不工作，孩子补课费一个月就要3000多元。不补不行啊！同学都在补，自己生病了都不敢休息。

在有些家庭里，孩子所有的娱乐活动完全取决于学习成绩的好坏。学习成绩好，买礼物、吃大餐、去旅游；成绩不好，就不能看电视、玩游戏、出去玩。部分家长甚至容不得孩子有片刻的清闲，只要看到孩子闲着，马上就会督促他们学习；孩子一放假，就将他们送进补习班、强化班。总之，一切都是为了成绩。

一旦孩子考得不好，斥责声就会接踵而至。有些家长虽嘴上没有说，但眼神和表情也分明在说：

"考成这样，还想看电视?!"

"考成这样，还想玩儿?!"

甚至："考成这样，还笑得出来?!"

高分已然成为一些家庭教育的全部目标，童年的快乐和人格的尊严都取决于学习成绩，没有心灵培养，没有品格塑造。只要成绩好，能上好大学，就算成功。

然而，父母一味强调学习，不仅不能帮助孩子走向成功，还可能给孩子带来心理健康问题，并极有可能培养出不懂感恩的孩子。

高分不等于事业成功

台湾"中央大学"管理学院教授林子铭也提到，台湾商业杂志调查发现，事业成功者常是班级中第十名的学生而非第一名。当然，他提到的第十名应该并非仅指第十名，而是指成绩中等偏上的学生。

麦可思研究院《2019年中国大学生就业报告》显示，近五年中国大学毕业生毕业半年内的离职率均高达33%。我们不排除离职或许是另谋高就，不过大学毕业生半年内就业绩格外出色的可能性较小，如此高的离职率也表明这些年轻人适应社会的品质和能力出现了一定的问题。

能考取大学并顺利毕业，足以说明这些年轻人在读书时取得了较为优异的成绩，但进入社会之后，仅仅拥有好的成绩并不能帮助他们轻而易举地获得事业上的成功。事业上的成功往往离不开脚踏实地、艰苦奋斗，然而部分年轻人不明白这个道理，以为好的成绩就代表着出众的品质和能力，这种观念往往让他们过高地估计和评价自己。他们之中，有的大学毕业就想开公司，挣大钱；有的在工作单位不愿意接受批评和纪律的约束，跟领导一言不合就辞职。

好高骛远是一些大学生的短板，一味追求高分使他们与事业成功失之交臂。

一味追求高分与心理健康的关系

父母一味地强调学习，容易造成孩子一旦受点委屈，遭受点挫折，就会焦虑、抑郁，就会想到放弃，甚至自杀。

究其原因，很多是由于父母过多关心和保护，剥夺了孩子磨炼意志的机会导致的。结果，孩子挫折经历得少、对痛苦准备不足。

心理健康问题是青少年自杀的主因，特别是因学习压力而导致的抑郁症。2019年12月，国家卫生健康委员会、中宣部、教育部等13个部委印发《健康中国行动——儿童青少年心理健康行动方案（2019—2022年）》充分说明了这一问题的严重性。

一味追求高分与感恩的关系

如果父母一味追求孩子的成绩，忽视培养孩子感恩的品质，孩子往往就会不懂感恩。即便孩子在小的时候多么信誓旦旦地承诺以后会孝敬父母，长大后也会将这些承诺抛在脑后。

在一个北方小城市，我采访过这样一个家庭。父母都是普通的企业职员，有个儿子，小的时候机灵、单纯、可爱。他们自然对孩子百般呵护，好东西总是留给他，不让他碰一点儿家务，只希望他好好学习。

一次，孩子看到妈妈累了一天回家还得做饭，就过去帮忙，结果被妈妈拦下。妈妈告诉他：好成绩就是对她最好的报答。儿子曾在给妈妈母亲节的贺卡里写下这样的话：等我长大挣了钱，要让妈妈爸爸过上好日子。

儿子学习很出色，考入了西安的一所高校，毕业后还留在西安。那时，父母已六十多岁，退休在家，靠每月共四千多元退休金生活。

父亲有十多年的糖尿病，母亲肝脏和胆囊都不好，每月购买常用药就会花掉一半的退休金。一般情况下，老夫妻都舍不得花钱住院。虽然他们生活非常节俭。但他们仍拿出几乎全部的积蓄帮助儿子在西安付了房子首付，并为他操办了婚礼。

儿子虽然还着房贷，但仍贷款买了车。有了孩子后，他理所当然地让父母过来照看。小两口活得非常潇洒，早上吃完饭出门，中晚餐都在外面吃，常常晚上九、十点才回来，周六、周日大多出去跟朋友聚会。

老两口不仅要拖着病弱的身体来照看孙子，还要负责小两口的早饭。母亲晚上有时还要等到九、十点给儿子热饭，饭后还要刷碗。小两口除了偶尔买点肉、菜回来，家里的日常生活开销基本都靠老两口的退休金。

老两口知道儿子忙，工作辛苦，有个头疼脑热也基本不跟儿子说，怕给儿子添麻烦。然而，儿子、儿媳似乎抬头不见，低头也不见。除非大病发作，否则儿子是不会带二老去看病的。

一次，老爷子便秘，连续三四天都解不出来，来来回回，厕所不知去了多少趟。直到周末，看到儿子休息，自己也是实在难受，就让儿子出去给买个开塞露。结果，他上午出去，晚上八九点才回来。他把药扔给父亲，漫不经心地说白天有个同学聚会。

然而，场面上的事，儿子、儿媳却做得不错。老两口过生日，他们会带着去饭店庆祝一下，也会偶尔给老两口买件应季衣服。每年春节，他们还会拿出几千元钱孝敬二老。不过，老两口在老家还有两套房子。儿子曾说过："你们至少得给我留一套。"

老两口虽然也念叨着儿子的好，但言语间无法掩饰内心的失落和无奈。他们从未对儿子抱怨过，也不敢对他发泄。儿子恭敬地听他们把话说完的情景早已淡出了记忆，现在是他们怕惹儿子生气，怕万一儿子冷落了他们，他们不知道该怎么办。

一些孩子智商高、学习好，在关爱和赞扬声中长大。他们自视甚高，把自己的荣誉都归功于自身的才华和努力。同时，他们处事世故圆滑，善于表演。他们习惯于父母的付出，习惯于把自己的享乐放在第一位，没有感恩之心。

父母如果一味强调学习，忽视孩子的品质成长，不仅未必能给孩子带来事业上的成功，还可能让孩子遭受心理疾病的摧残，甚至培养出一个只知享乐、不懂感恩的孩子。

二、在空中盘旋的父母

担心孩子输在起跑线上几乎是现在家长的普遍心态。这不仅是由于外部竞争激烈的环境，还由于在很多父母身上存在一种补偿心理。这些父母自己小的时候没有得到很好的教育，甚至没有感受过家庭的温暖，他们要把自己曾经缺失的在孩子身上补回来。他们会暗暗发誓，绝不让孩子经历自己曾经遭受的痛苦，一定要让孩子拥有比自己现在还要好的生活。

于是，他们像直升机一样，始终盘旋在孩子上空。

"直升机父母"是美国吉诺博士（Ginott，1969）于1969年提出的，指父母就像直升机一样，盘旋在孩子上空，规划孩子的人生，密切关注孩子的学习生活，一旦发现问题，便迅速降落，为孩子解围。他们无处不在，时刻为孩子提供保护。

"直升机父母"

从幼儿园开始，他们就把孩子送到各种兴趣班、早教班；上小学后，更是要上补习班、强化班。有的父母会为孩子聘请名师做一对一的私人家教；很多家长会亲自"披挂上阵"，帮助孩子背英语单词，为孩子辅导数学、物理等科目。

一位女士找我咨询，说她的儿子才7岁，现在就上了6个培训班，除她们夫妻俩给孩子报的数学班、英语班、钢琴班和游泳班外，爷爷还执意让孩子每天练习书法，奶奶则让孩子每天跟她练瑜伽。两代长辈齐上阵，全面培养孩子的兴趣爱好，挖掘孩子的潜能，结果弄得孩子几乎没有玩耍的时间。

我问她："您觉得孩子还有童年吗？"

她回答："是啊，我也跟他爷爷奶奶说过，不让孩子学书法和瑜伽了，但是他们不听啊！"

我问："您觉得你们夫妻让孩子学的四个培训班少吗？"

她回答："大家都这么做，我不做，孩子不就落下了吗！我也是没有办法。"

这就是很多家长的心态。正是在这种心态下，很多家庭常常是两代人为一个孩子服务。为支持孩子学习，家长包办了孩子生活中所有的大事小情。我在调研中发现，84%的孩子不做任何家务，家长上学放学帮助孩子拿书包，为孩子调座位跑去找老师，孩子与同学有一点儿矛盾就到学校"兴师问罪"，班级打扫卫生也会跑来帮忙扫地、擦玻璃。个别家长为了能给孩子创造更多时间专心学习、备战高考，高二和高三两年时间甚至在孩子学校附近租了房子，陪孩子住在那里，每天给孩子做饭、洗衣、打扫房间。

"我一代"

在这些"直升机家长"的呵护下，中国出现了"我一代"，他们的"人生哲学"是"我要爱自己，一生被爱，想要的都要拥有"。

重视个性自由不是坏事，关爱自己也没错，问题在于不能只关心自己、不考虑别人，不能损人利己。不能认为父母的付出理所当然，花父母的钱理直气壮。

2019年7月，我到兰州出差，去一家美发店理发。刚坐下，就进来一个十七八岁的小伙子，说要洗头。老板娘问我能不能给他先洗头，会很快。我说没问题。的确很快，洗头、吹干不过两三分钟。完事后，小伙子问："多少钱？""15元。"老板娘答道。小伙子二话不说，给钱离去。

他走后，我好奇地问老板娘："剃一次头15，洗一次头也15，是不是太贵了。他为什么不自己在家洗？"老板娘说："现在的年轻人根本没有钱的概念，他们不在乎。"然后，突然开始抱怨我们："哪像你们五六十年代出生的人，进门先问价。一分钱能掰成两半花！"

从 2005 年开始，全国各地大中小学陆续开展感恩教育，这充分说明了国家对培养公民感恩之心的重视。2012 年 12 月 28 日，全国人大还将子女"应当经常看望或者问候老年人"写入修订的《中华人民共和国老年人权益保障法》，该法条保留至今。

古语云："百善孝为先，论心不论迹。"诚然，尽孝应量力而行，尽心即可。有的孩子的父母年纪尚轻，身体也没什么毛病，还有养老金，但孩子们为了自己的享乐，迫不及待地想甩包袱，对父母毫无感恩可言，这就不对了。

某城市的一个女孩大学毕业后留京工作并结婚安家。她的父母退休后，想到这个独生女身边生活。他们打算卖掉老房子，到北京买个小一点儿的，这样既能享受天伦之乐，又彼此独立，晚年还能有个照应。可几次沟通，女儿和女婿均不置可否。老夫妻索性来个"先斩后奏"。结果，女儿得知后极为不满，直言受到了惊吓，称小时候全家人宠着，当"太阳"自然好，可现在哪有能量照顾"四颗行星"（夫妻双方父母）。

实际上，很多父母对孩子并没有多大奢望。他们清楚现在社会竞争激烈，孩子的工作压力很大，还要养家和教育自己的子女，很辛苦。他们无需孩子的经济帮助和生活照料，只是渴望一点儿情感温暖，但这一点点渴望有时对于他们而言也过于奢侈。

造成这一现象的根源就在于父母忽视了孩子感恩品质的成长，忽视了对孩子意志和品德的培养。

被毒杀的品质

有些家长说："谁想这样做，这不是（环境）逼的吗？"现在社会竞争激烈，就业形势严峻，他们感觉身不由己。虽然现在提倡素质教育，但高考仍是改变命运的主要通道。于是这些家长全面指导、监控孩子的学习、生活，不希望孩子有半点儿闪失。然而，"直升机父母"终将为自己的这种过度控制付出沉重的代价。

《焦虑失调》一书的作者戴奇博士（Daitch，2011）指出："直升机父母"的典型特征就是过度照顾和控制，父母为孩子承担了过多的责任。我们在生活中也会看到，过度照顾使得孩子习惯衣来伸手、饭来张口，基本没有做饭、刷碗、洗衣等基本的生活技能，他们依赖性强、独立生活能力差。这些孩子成年以后，生活懒散、邋遢如影相随，房间凌乱，脏衣服、鞋袜四处乱扔，吃饭基本是方便面或者叫外卖，打扮得光鲜地走出屋门，哪管屋里是不是个垃圾场。

网上流传的一位老人的感叹生动地描述了这样一个场景："现在年轻人生个孩子，那是妈妈生姥姥养，爷爷奶奶是家长。孩他爹潇洒得跟单身小伙儿似的，孩他妈心理轻松得跟大姑娘似的。孩子奶奶姥姥那头发每天乱得都跟打仗似的，上个厕所耳朵竖得跟雷达似的，带娃出门那就跟搬家似的，睡个懒觉那就跟过年似的，孩子要出点问题自己跟犯罪似的，卖力贴钱就像欠了谁似的。这年月，我们老辈人咋还过成了童养媳式的日子了！"这样的场景虽然并不多见，但不可否认确实存在。

父母的过度照顾不仅造成了孩子不独立、缺乏责任心、没有感恩之心；而且让孩子失去了感受挫折、痛苦的机会，极大地削弱了他们抗挫折的能力（详见下一章"怕孩子犯错"）。

而父母的控制给孩子带来的伤害比过度照顾严重得多，孩子会变得自卑、胆怯，做事谨小慎微，待人唯唯诺诺，普遍烦躁、焦虑、抑郁，严重的还会出现心理、精神疾病（详见"脖子后的鼻息"一章）。

总之，"直升机父母"的过度照顾和控制毒杀了孩子勇于承担责任的品质，对孩子的成长百害而无一利。

三、怕孩子犯错

怕孩子犯错也是"直升机父母"过度照顾孩子的一个普遍心态。他们对孩子事无巨细，什么事都要插手，生怕孩子犯错；孩子一犯错还斥责挖苦，希望将错误扼杀在摇篮里，尽可能给孩子一个舒适安全的成长环境。

这是一种错误心态，父母需要意识到这一错误心态的危害，克服对孩子求全责备的思想，否则就会影响孩子的品质成长，损害他们未来的学习、工作和生活。

不允许出错

我接触过很多这样的家长，他们紧紧跟在孩子身后催促写作业，提醒孩子不要马虎、不要出现错误，而且他们还要监督检查。他们不允许孩子出一点儿错或考试成绩有所下滑，一旦孩子犯错或成绩不理想，他们就会揪住不放，絮絮叨叨，有机会就拿出来挖苦一下孩子。如果孩子回嘴："不要说了，我都知道了！"他们就会变得非常愤怒，骂孩子不知好歹，不依不饶。

不仅仅在学习上，在生活中他们同样怕孩子犯错、失败。孩子都10岁了，仍不让他们学习做饭，怕伤着。还不让他们自己单独上学，怕过马路危险。这些事情本来孩子已经有能力去做，只要家长给予适当的指导和叮嘱，就应该放手让孩子去做，但他们害怕孩子犯错，害怕出现危险。他们的大加阻拦剥夺了孩子感受辛苦、危险、失败、痛苦的机会，剥夺了孩子在失败和痛苦中思考的机会，进而剥夺了孩子的思想与意志成长的机会。

在人际交往上，这些父母更是对孩子放心不下，怕孩子说不好，处理不当。孩子与同学或老师发生冲突时，他们不是帮助孩子分析冲突的根源，给出相应的建议，而是亲自出马，找同学和老师理论，为孩子"主持公道"。冲突在任何社会环境下都存在，除非事情的严重程度已经超出了孩子的处理能力，父母应该做的是鼓励孩子去正视冲突并自己去解决，而不是大包大揽，把孩子保护起来。孩子在处理人际关系时犯错，无论是事发当时的态度不冷静、表达不恰当、行动鲁莽，还是事后的委屈、痛苦、懊悔，都是他们品质成长需要经历的一部分，对错误的反思恰恰是他们思想和处事能力进步的阶梯。有人感叹："你讲一句不如他自己摔一跤，疼痛是他最好的老师，南墙是他最好的朋友，他该走的歪路，你半米都帮他省不了。"

父母过度关心和保护的消极作用非常明显：孩子做事畏首畏尾，畏惧犯错、失败。久而久之，孩子不仅丧失了对自己的责任感，而且也无法培养抗挫折能力。对孩子而言，在学习上有爸爸妈妈对自己的作业负责，自己就不用太认真了；在生活中有爸妈为自己遮风挡雨、承担风险危机，自己就可以逃避问题和痛苦。结果，孩子开始变得胆小懦弱，不敢面对问题，不敢去尝试、探索，大大降低了对自己的责任意识，抗挫折能力自然非常弱。

生活不是温室，父母不可能无所不能、无处不在，孩子终究要走出家门、自己面对。即便父母如何"神通广大"，也无法掌控孩子的精神生活。一个人的幸福感终究取决于他内在的精神状态，只有经历并超越失败和痛苦，内心才会感受到平静愉悦。

出错越早越好

父母鼓励孩子尝试、探索，就要允许孩子出错，要尊重孩子的成长。要告诉孩子：因为你小，在学习、在成长，所以出错很正常。

既然出错不可避免，那么出错越早越好。对于孩子成长过程中出现的错误和失败，父母只要看到孩子在努力，就应该包容,并给予指导鼓励,如训练他们做饭、过马路、骑自行车。父母还应肯定孩子的每一点进步,无论是学习上、生活中,还是在社交能力方面的每一点进步,都不要吝啬自己的夸奖。如果孩子出现气馁的情况,父母还需要用孩子曾经取得的成绩来激励他们。

父母要帮助孩子在错误和失败中学习,总结经验教训,让他们在反思中进步。父母还要跟孩子分享自己出错和失败的经历,帮助孩子意识到父母也会犯错而不至过于自责,同时让孩子从父母的错误和失败中汲取经验,少走弯路。告诉孩子尽量不要在同一个坑里摔倒两次。孩子的成长需要时间,也需要父母的包容、指导、鼓励和耐心。

美国教育心理学博士简·尼尔森(Nelsen,1993)说,犯错误是学习的最好时机。父母应帮助孩子在错误中反思,锤炼他们抗挫折的能力,增强他们的自信。爱迪生失败了上千次才改进了电灯泡,人只有敢于失败,才有可能获得巨大的成功。

孩子出错越早越好,不仅因为身边可以有父母的包容、指导和鼓励,而且孩子在父母身边出错也会安全很多。孩子在父母身边,父母自然可以提供一定程度的保护,而且父母只要稍加细心观察,孩子的错误就不会太出格。美国心理学家舒茨(Schulz,2010)说,早年没有经历过磨难的人,年龄越大越脆弱,因此出错要趁早。如果孩子小的时候没经过小错的磨炼,没有培养出抗挫折能力,长大后进入社会,独立面对各种问题、失败和痛苦时,就往往容易出现严重甚至灾难性的后果。

因此,家长不要像直升机一样,盘旋在孩子上空,过度关心和保护孩子。同时要认识到孩子出错越早越好,要尽早培养孩子的责任意识和抗挫折能力。

四、脖子后的鼻息

英语中有一个俗语"breathing down one's neck",意译比较简单——"紧盯",直译是"一个人紧贴在另一人身后,他的鼻息喷到那个人的脖子并一路向下"。虽然直译比较麻烦,但是它所勾画出的画面却是意译所无法传递的:不舒服,甚至汗毛竖起,脊梁骨发冷,那个前面的人脖子被鼻息喷溅的感受真真切切。

用"脖子后的鼻息"来形容一些父母对孩子的高控制再贴切不过了,它不仅伴随着孩子的童年、青少年,而且即便上了大学、走上工作岗位、进入婚姻都无法摆脱。那脖子后的鼻息不仅不是爱,而且像是一种慢性毒药,危害着孩子的心理健康。

前面讲述了控制不是爱,这一章则讲解父母控制孩子的具体手法和危害。

控制的手法

控制型父母喜欢以爱的名义,一味按照自己的意志安排孩子的一切。他们的掌控几乎无处不在,时显时隐,时刚时柔。显性、刚性的居多,以责骂、挖苦、冷落等语言暴力和冷暴力为主。

显性、刚性的就是直接控制,对孩子的生活、学习,甚至以后工作保持全面的掌控,主要使用安排、干预、苛责和威胁的手段。

这些父母完全按照自己的意志来掌控孩子的人生,从穿什么衣服、交什么朋友,到上哪一所大学、读哪一个专业、找什么样的工作等。他们干涉孩子学习生活的所有细节,喜欢吹毛求疵,说话尖刻,以确保孩子彻底的顺从。无论是孩子桌上物品的摆放顺序，还是长裤该不该挽起裤脚，都必须听从他们的安排。孩子吃饭时说笑，必然招来一句厉声呵斥："吃饭，别说话！"对于孩子的任何小错误，他们都大加贬损或者因此几天对孩子不理不睬，毫不顾及孩子的感受。

他们不尊重孩子的隐私，会私拆孩子的信件，偷看孩子的日记和手机短信。他们要了解、控制孩子全部的思想动态。有的还喜欢通过揭短来打击孩子，让孩子感觉自己很愚蠢、丑陋，没人会喜欢。

他们不允许质疑，告诉孩子"不要问为什么"，只需要知道"我是为你好"。一旦遭遇反抗，他们便歇斯底里地斥责孩子忘恩负义，甚至会威胁断绝关系。他们留给孩子的选项非此即彼，非黑即白，没有回旋余地。干预直截了当："按我说的做，要不别跟我说话""如果不按我说的做，你别想得到我一分钱""如果你不按我说的做，你就不是我的孩子""如果你不按我的意思办，我就会犯心脏病"，等等。

钱是这些父母控制孩子的主要手段。他们会以省钱为由，让孩子跟自己一起住，管理孩子甚至其配偶的工资，控制孩子的经济开销。

对这些父母而言，孩子的思想和意见没有价值，孩子的需要和想法是不相关的。孩子的感觉和需要必须服从于父母的感觉和需要。在这样的家庭中，孩子被拽入了一个无底的深洞，这个深洞里布满了最后通牒。

他们侵犯、操纵、主宰着孩子的学习、生活和工作。他们要让孩子永远处于一种无力、无能的状态，只有这样孩子才不会离开他们，才会永远需要他们。

另一种是柔的、隐性的，也就是间接控制。

他们努力制造一种被孩子需要的状态，让孩子依赖自己。他们有的也会给孩子买房子，但自己一定要留一把钥匙。他们说担心孩子吃不好，会把在家做好的饭菜带到孩子家。他们常常会不请自来，到孩子家帮忙打扫房间、做饭，甚至会重新摆放孩子的家具和衣服。

如果孩子试图拥有自己独立的生活,他们就会表现得很伤心,让孩子产生内疚感。他们会说:"母亲爱自己的孩子、帮助自己的孩子有错吗?"他们会表现得很痛苦、委屈,扮演受害者的角色,让孩子产生负罪感、羞愧感:"我十月怀胎生下了你。""你是吃我的奶长大的。"他们还会暗示孩子要报恩,否则就是对不起他(她)。

在一些多子女家庭,如果有个孩子表现得稍微独立了些,控制型父母还会将这个孩子与其他孩子做比较,让他觉得自己做得不够好,暗示他只有按照父母的要求去做才能得到他们的认可。他们会分而治之,对其他子女说这个孩子的不是,通过兄弟姐妹给他施加压力,逼其就范。

孩子结婚可能是对这类父母极大的威胁。他们把孩子的配偶看成竞争者,会不断地挑剔挖苦、刁难排挤。常常无视其配偶的存在,继续我行我素地安排孩子的生活。

控制型的父母把自己的生活与孩子的生活完全搅在了一起,孩子的生活只是他们生活的延伸,孩子的生活似乎就是他们的生活。

孩子的独立对他们而言,就像身体失去了一个必不可少的器官,这种损失是无法承受的,他们必须加强对孩子的控制。而只有孩子的心智永远不成长,他们才能够保持这种控制(Forward,2002)。

控制的结局

这些父母无所不在地控制、干预孩子的学习和生活,要么给孩子带来了巨大的心理创伤,要么酿成家庭悲剧。

控制型家庭气氛非常压抑,这种压抑气氛对孩子的成长非常不利。这类家庭一般会有三种结局。第一种较普遍,就是孩子的心理健康出现严重问题。由于父母常常处于焦虑、恐惧状态,这种焦虑耳濡目染地影响着孩子,孩子也非常焦虑、恐惧;父母让孩子处于无力、无能的状态则进一步加重他们的焦虑、恐惧。

在这样的家庭中长大的孩子的自我价值认知会遭到极大的破坏。他们大多容易自卑、自责，感觉自己一文不值、一无是处。他们做事谨小慎微，怕出错，怕遭到父母的羞辱，怕辜负了父母的期待。一旦出现问题，他们潜意识里马上去责怪自己，认为是自己做得不好才惹父母生气，自己被责骂是咎由自取。

在这样的家庭里，气氛会异常压抑。孩子每时每刻都处在提心吊胆的状态中，因为他（她）不知道父母会因为自己的哪件事、哪个动作，甚至哪句话就突然变脸。他们沉默寡言，不敢在公共场合说话，不敢表达自己的想法，不敢参与辩论，习惯看着别人的脸色，怕得罪人。自卑、自责、唯唯诺诺使得有些孩子的精神长期处于焦虑、抑郁状态，必然导致心理健康出现问题，很多患焦虑症、抑郁症的孩子就是出自这样的家庭。

第二种结局是由于长期压抑，一些孩子产生了强烈的逆反心理。父母越是不愿意听到的话，自己越要去说；父母越是不让做的事情，自己越要去做。父母原本是想控制孩子，结果造成孩子完全失去了控制。个别孩子还会采用逃避的方式。考试成绩不理想，就想方设法隐瞒；被发现后，就破罐子破摔，甚至离家出走。

前面"控制不是爱"部分提到的那个在澳大利亚留学的女研究生，便一直生活在母亲构建的精神牢笼里。她意识到了自己的心理问题，对与母亲共处的未来有着强烈的担忧和恐惧，因此大胆地选择了摆脱母亲的控制。

第三种结局是，一些孩子习惯了依赖父母，失去了自我身份认知，成年后仍一直在寻求父母的意见和听从父母的安排。不过，婚后另一半如果不买账，表现出强烈的不满，就会引发夫妻不和，由此引发家庭悲剧。

十几年前，一位五十多岁的岳母控制了女儿一家的生活，最终酿成悲剧。这个悲剧发生的背景是这样的：这位母亲从小就对女儿的生活、学习进行全面掌控，即便女儿婚后也是如此。打着"将来一切都是你们的"的旗号，她让女儿、女婿把工资收入都交给她，由她来掌握他们的开销。由于他们住在一处，女婿考虑到也是为了他们好，就接受了。但是，没想到岳母要求越来越多，女婿的处境越来越尴尬，夫妻间的矛盾越来越深。

从最初的经济开销，到挑剔女婿的言谈举止、女儿怀孕后阻止他们同居一室、孩子出生后要随母姓、阻止带孩子去农村的奶奶家、要求女婿在他自己出资购买的房子的房产证上写上她的名字，再到拒绝女婿要钱给他自己的母亲做手术。每次女婿表达异议，都会遭到羞辱，甚至破口大骂，被指责忘恩负义。岳母甚至怂恿女儿与女婿离婚，因为她发现被她赶走的女儿前男友现在发达了，又跟女儿取得了联系。

女婿的不满和愤怒在不断积蓄着，直到最后岳母怂恿他们离婚时彻底爆发，他杀死了岳母，重伤了自己的妻子，自己则锒铛入狱，面临法律的惩罚。

这位岳母常常以为女儿好为由，野蛮地干涉女儿的感情和婚姻生活。从女儿的角度看，母亲似乎是处处为她着想，无论是找一个条件更好一点儿的丈夫，还是控制女婿的花销、让孩子随母姓等都是为了她的利益。在女儿看来，她似乎早已习惯了被掌控，习惯了被照顾，母亲的快乐就是她的快乐，她没有任何品质成长，已经完全失去了独立的思想、独立的情感，完全失去了自我。

然而，从女婿的角度，岳母对他家庭生活全方位的干涉，影响到了他的生活方式，伤害了他们夫妻之间的感情，侵犯了他的尊严，特别是使他无法对自己的母亲尽孝。而所谓"将来一切都是你们的"也并非如此，实际是在经济上限制他、提防他。这种假象很快就被他识破，他自然就会不断积聚对岳母的怨恨，最终酿成惨剧。

从岳母的角度，她真正在意的不是女儿的幸福，而是满足自己的控制欲。虽然她表面上一直在竭力维护着女儿的利益，但是女儿女婿夫妻关系是否和睦？在不和睦的夫妻关系中，女儿是否快乐？孙子是否快乐？孙子的成长是否会受到影响？这些都不是她考虑、关心的。

可以说，这位岳母真正在意的只是自己的控制欲，"为你好"只是她掌控孩子的手段，只是她满足自己控制欲的美妙借口，这种"为你好"最终酿成了家庭悲剧。

这样的父母只爱他们自己。他们帮助孩子"成功"，但不关心孩子的品质成长，也不会考虑孩子快不快乐。控制孩子不仅不是爱，而且像是让人服下一剂慢性毒药，迟早会药性发作。父母切记，切记。

五、还敢"富养女"吗？

2018年，一位老父亲在微博诉苦，他在海外留学的女儿将自己一生辛苦积攒的300多万元偷偷转走，拿去挥霍，在朋友圈大肆晒着大牌包包和高档餐厅，还拉黑了他。

这位父亲平时生活节俭，平日吃饭时，米粒掉到桌子上都要捡起来吃掉。

如今，他痛悔"富养女"。

"富养女"的荒唐逻辑

"富养女"来自所谓民间古训"穷养儿富养女"，认为"从来富贵多淑女，自古纨绔少伟男"。

认为男孩要"穷"养，才能勤俭节约、吃苦耐劳，经历挫折与屈辱，才能意志坚强。男孩注定是要奋斗的，要上奉父母，下养妻儿，要承担家庭与社会责任。

而女孩则不同，只有优越的生活才会使她们气质优雅、知书达理，才不会贪图小利、轻易被男人的小恩小惠诱惑；富养的女孩，从小见的世面多，才会懂得欣赏，才能明辨真伪，不易被纨绔子弟的花言巧语迷惑。

甚至有人认为，女儿富养是一种文化修养的投资。

说白了，"富养女"并不是单纯为了提升女儿的独立自主能力、培养其自信心和生活品位，其终极目的还是"嫁好"。也就是认为女孩只有富养成"千金小姐"，才有能力找到好丈夫。

"富养女"现象

此处的"富养女"指穷家富养女儿。为了"富养女",很多工薪家庭甚至贫困家庭不顾经济条件,倾尽所有,送女儿学钢琴、绘画等收费高昂的才艺,提高品位;给女儿买新款手机、时尚服装、进口化妆品,追求层次。

他们自己觉得家庭条件不好,亏欠了孩子,担心自己孩子自卑,宁愿自己吃糠咽菜也要娇惯女儿;再苦再累,也舍不得让她遭罪。

然而,父母越是穷家富养,他们的女儿就变得越虚荣、越拜金。结果,这些被富养的女孩非但没有知书达理、看淡物质,反倒变得只知享乐,对于花花世界更缺乏抵抗力,更容易被物质利益诱惑。

近年来,随着被富养的女孩们陆续进入大学校园、步入社会,超前消费、借贷消费的现象前所未有地突出。她们吃不得苦,只在意眼前享受,喜欢炫耀攀比。现在借贷平台那么多,"先买完再慢慢还"。结果,她们拆东墙补西墙,让自己陷入欠债、还债、欠债的恶性循环。

为了能借到钱,一些女大学生甚至不惜裸贷,只为买各种各样的奢侈品,以及参与各种高端旅行。

上海一名女大学生在校园贷款后疯狂消费,父母拼命地四处借钱还款。最后实在无力支撑,只好和女儿断绝关系。这位妈妈绝望地哀叹:"听说要富养女,我们把家里最好的东西都给了女儿,没想到养出了这种结果。"

另一名武汉女大学生家庭富裕,除生活费外,每月家里还会给她3000元零花钱。但她喜欢奢侈品,爱买名牌包、化妆品,自然入不敷出。结果,一周之内,她偷盗了同学七台笔记本电脑,在网上出售换钱。为了享受和虚荣,这个女孩不惜触犯法律。

"富养女"还可能把女儿养得刁蛮任性、冷漠、不懂感恩。

有一个家庭"富养女"用光了家里所有的积蓄，供完了大学，又接着供出国留学。结果，女儿花钱花习惯了，没钱就抱怨；找份工作吃不了苦，几天就辞职了；家人病了，到医院看一眼就不再出现了。母女矛盾不断加剧，最终互不搭理，像仇人一般。

"富养女"背后的荒唐

"富养女"背后的逻辑是想通过享受物质来看淡物质，通过提高品位来识别男人，把自己嫁好。然而，稍加分析便可发现其背后的荒唐。

第一，这种通过享受物质来看淡物质的思路显然违背了发展心理学的基本原理，违背了品德形成的基本规律。

柯尔伯格（Kohlberg，1976）认为：一个人的责任感等良好道德品质只有通过遏制其贪图享乐的本性，持续经历艰辛和痛苦才能获得。"富养女"的逻辑声称培养女孩的文化品位，实际上却是纵容女孩好逸恶劳的欲望，所谓的文化品位最终还是以享乐为目的的。女儿无需考虑责任，无需分担家务，甚至连自己都需要父母照顾，她自然也就不会有责任感，不会体谅父母的艰辛，不会感恩父母的付出。相反，她对所谓品位、享乐的追求还会使她的虚荣心不断膨胀，父母的娇惯还会让她变得任性、霸道。

第二，"富养女"这种传统观念无疑是封建社会的残渣，早已与现代社会格格不入。

封建社会主张"女子无才便是德"，认为女子只需懂得服侍丈夫的礼数，相夫教子是对她们的全部要求。在社会上，她们没有权利、没有地位，平等和尊严更是奢侈品。而在现代社会，女人与男人一样拥有平等的权利和地位，女孩可以无条件地接受义务教育，自由地选择自己喜欢的职业，平等地与男人竞争。

何况，所谓"提高品位"，其实是为了识别男人，把自己嫁好。这样的观念实际是把女人看作男人的附庸：无论是学习钢琴、小提琴，还是时尚装扮，都是为了找到"更好"的男人，都是要取悦那个"更好"的男人，都是将自身视为男人的附属品。这与现代社会男女平等的理念格格不入。社会上流行的顺口溜如"学得好不如嫁得好""生男孩是建设银行，生女孩则是招商银行"，都反映了这种男女不平等的封建意识。这种封建残渣不仅会伤害女性的个人尊严，影响女性的家庭地位，而且还会破坏平等公正的社会环境。

在现代社会，早已不再有三寸金莲，再高的围墙也遮挡不住女性向外的视线。她们早已习惯了丰富多彩的生活，有多少人会甘心受到拘束呢？

穷养、富养不如教养。

六、孩子是朋友吗？

有一次，在澳大利亚一所大学的游泳馆，我遇到一位当地的高中老师。我们聊到孩子的时候，他颇为炫耀地说："我跟他之间像朋友一样。"

我问他："可以跟孩子做朋友吗？"

突然之间他有点尴尬，支支吾吾道："还可以。"显然，他没有预料到自己的做法会被人质疑。而他的尴尬清楚地表明他们的父子关系没有那么成功。

这种把孩子当作朋友的做法在中国家长中也不少见。很多国内的专家和老师也常建议父母要做孩子的知心朋友，理由是父母只有把孩子当朋友，才能赢得孩子的信任和友谊；也只有与孩子平等交流，孩子才能真正接受父母的想法并自觉地改正错误。如果父母总是高高在上，采用强迫命令的方式，孩子反而会产生畏惧或逆反心理。

然而，现实或许并非如此。

陪吃、陪玩，跟孩子做朋友，哪怕做哥儿们、姐儿们，都没问题；但是让他们别看手机了、别再打游戏或收拾一下自己的房间时，心平气和的沟通有时会失去效力。为什么会出现这种情况呢？

孩子需要对父母有敬畏之心

道理很简单：只有孩子敬畏父母，父母才能更好地约束孩子好逸恶劳的心理，抑制孩子的不合理的欲望，制止孩子拖沓、偷懒的行为，培养出孩子对自己行为负责任的意识。

根据美国儿童发展心理学家柯尔伯格（Kohlberg，1976）的道德发展阶段理论,在一个人道德发展的初级阶段,其行为以惩罚(不是体罚)与服从为导向。孩子惧怕受惩罚,才会听从父母的教导。

而要想有效地进行惩罚,父母必须有权威。比如,家长定下规矩:

- 买玩具,不可以见什么要什么;如果哭闹,那么就什么都不买。
- 玩具玩完后,必须自己收拾,否则下次就不许玩了。
- 如果不小心把菜汤洒到了桌子上,就必须自己清理。
- 玩手机不能超过一定的时限,如果违反就要没收。

如果父母只靠和颜悦色的商量来定规矩,则往往收效甚微。不仅如此,孩子还可能得寸进尺,见什么要什么,总是把房间弄得凌乱不堪,对桌子上杯盘狼藉熟视无睹,手机一玩就是一天。

而如果父母语气坚决,态度严厉,孩子对父母有敬畏之心,那么情景就会大不一样,特别是在孩子小的时候。一旦孩子大了,已经养成了不好的习惯,再想改就不容易了。

因此,只有孩子对父母产生敬畏,才能帮助培养出孩子的界限意识,才能遏制住孩子不断膨胀的欲望,也才能让孩子为自己的行为承担责任。总之,孩子的责任意识和规则意识都需要家长的权威来培养。

权威型——最佳的家庭教育模式

在过去的半个世纪里,国际教育学界对父母的家庭教育方式进行了广泛的长时间的调研,这些调研不仅涉及不同的国家,而且深入不同的文化。

在众多调研中,三位美国教育心理学家的研究成果(Baumrind,1968;Maccoby,Martin,& Hetheringon,1983)经过反

复验证，获得了广泛的认可。他们将家庭教育模式及父母类型主要分为四种：专制型（authoritarian parenting style）、权威型（authoritative parenting style）、放纵型（indulgent parenting style）和疏忽型（neglectful parenting style）。

专制型父母对孩子有较高的要求，他们给孩子制定严格的规则，并严格监督实施，惩罚一切违反规则的行为，但对孩子少了些慈爱。上文中试图掌控孩子的父母就属于这一类。

权威型父母关心体谅孩子，跟孩子讲道理，为孩子设定较高但与孩子年龄相适应的目标，鼓励孩子自立，用惩罚来约束孩子的错误行为。这类父母的家庭教育方式充满了温暖、民主、期待、鼓励和约束。也就是说孩子对父母的感受是既爱戴又畏惧，因此权威型父母也可称为敬畏型父母。

放纵型父母非常宠爱孩子，但对孩子没有什么要求或期待。他们会尽己所能满足孩子的欲望，且几乎不约束孩子的行为。"小太阳"或"小皇帝""小公主"就产生于这样的家庭。

疏忽型父母则既不关心孩子，也对孩子没有什么期待。在这样的家庭中，虐待和冷暴力屡见不鲜。

这是四种最基本的父母类型和家庭教育方式。有些可明确归类于某一种类型，如"虎妈""狼爸"，但是更多的处于两种甚至三种之间。比如，中国一些独生子女家庭处在专制型和放纵型之间，即在学习上是专制型，强迫孩子努力学习、考高分；而在生活上是放纵型，几乎满足孩子的所有要求。

在这四种父母类型和家庭教育方式中，权威型的家庭教育成效已在不同国家和不同文化环境下通过众多的调研得以确认。这些调研发现，在这种家庭教育中长大的孩子学习成绩好，自立，言谈举止自信得体。调研还发现，这种教育培养出的孩子懂得感恩父母。

因此，权威型被认为是最好的父母类型和家庭教育方式。孩子对父母的敬畏是家庭教育成功的保障。把孩子当成朋友显然就是放弃了父母的权威；而没有了孩子对父母的敬畏，家庭教育的成功也就失去了保障。

当然，敬畏不等于不论是非，不是让孩子绝对服从，也不是让孩子唯唯诺诺。在坚决、严厉的同时，父母还必须耐心地、心平气和地跟孩子沟通、讲道理。权威型父母会鼓励孩子独立思考，会耐心地倾听，和颜悦色地沟通，积极帮助孩子换位思考、多角度分析问题，让孩子理解父母的良苦用心。如果出现错误，他们还会坦荡地承认并道歉。

虽然权威型父母不是孩子的朋友，但他们同样可以与孩子交心。孩子从小在父母身边长大，没有人可以比父母有更好的条件来了解孩子，与孩子交心。

上述研究显示，孩子进入青春期以后，有权威并体谅关心孩子的父母仍能与孩子保持亲密的关系。随着孩子自我意识和思考能力的增强、自律水平的提高，权威型父母会更重视孩子的感受，更平等地与孩子沟通交流。他们比朋友更可靠，更有知识和阅历，更容易让孩子保持对他们的信任。

即便孩子长大成人，彼此在法律意义上平等了，父母与孩子也不是朋友关系。因为对孩子而言，没有哪个朋友会像父母一样做出如此大的付出和牺牲，也没有哪个朋友会像父母一样永远牵挂着他（她），把他（她）的荣誉当成自己的荣誉，把他（她）的苦痛当成自己的苦痛。朋友间有了矛盾，一言不合，或许就会一拍两散，孩子也会与父母有争吵，但亲情却难以割舍。甚至同样一句话，父母可以说，孩子不可以，朋友也不可以。

简言之，父母跟孩子做不了朋友。父母需要坦诚、心平气和地与孩子交流思想，更需要用权威来规范孩子的行为。

七、拖沓、逃避、谎言、痛苦

孩子拖沓、磨蹭的毛病最令家长头痛：做功课时一会儿看看手机视频，一会儿看看朋友圈；手机被收走，就摆弄钢笔、铅笔或逗家里的小猫，半小时的功课可以拖个半天。让他（她）收拾自己的房间，可以一直拖到父母看不下去自己来。起床、洗脸、吃饭、上学、睡觉，等等，父母都要跟在后面催。

拖沓习惯的后果远不止浪费时间和学习效率低，它对孩子的品德和心理健康有更大的破坏性。这一章就分析一下孩子的拖沓、逃避与谎言、痛苦的关系。

拖沓、逃避与谎言

客观地讲，现在的孩子的确不易。每天白天上课，放学后有各科作业。学校作业做完了，培训班的还在等着。培训班的完了，也许还有家长布置的，没完没了。面对望不到头的功课，反正怎么做也做不完；即便做完了，家长也会安排新的功课。于是，有的孩子产生了能拖就拖的想法。

对此，有的家长表示很无奈，说学校功课多，竞争压力大，我们也没有办法。实际情况是（中考和高考除外）学校安排的功课没那么多，主要是很多家长危机感强，自加压力，将孩子送进各类补习班，恨不得让孩子把所有的空闲时间用在学习上。结果，孩子不仅丢掉了学习效率，学习没进步，反而养成了拖沓的习惯。久而久之，孩子还会出现以拖沓来逃避问题的情况。

以拖沓来逃避问题对孩子的品质成长有极大的破坏性，其中之一就是说谎。为了掩饰自己，孩子开始编造谎言。只要父母不在视线之内，看手机、看电视、跟同学出去玩、聊天等都可以说是在学习。有的孩子为了逃避家长责骂，还会谎报或修改考试成绩。中小学阶段还好，孩子在父母身边，他们的谎言还是很容易被发现的，可以及时止损。父母只要经常查看、监督，虽无助于改掉孩子的毛病，但谎言存活的空间不大。

可孩子一旦上了大学，离开了父母的视线，谎言就几乎不受约束了，父母发现时往往为时已晚。特别是在海外的留学生，不仅有距离的问题，其父母出趟国不容易，而且还有语言障碍，就是去了也听不懂，他们对父母撒谎的情况就更多了。

我在澳洲就接触到这样一位留学生。他2014年考入了国内一所三本大学，觉得不理想，就花钱到澳大利亚一所大学读计算机。他有个同年级的女友，在同一所大学读财会。认识他们是在新生聚会上，此后三年在校园和学生聚会上也经常见到他们，知道每个假期他们都去澳大利亚和新西兰各地旅行，活得挺潇洒。不过，最近四年就没见他们的影子了。

后来在一次聚会上，我遇到了他们的一位好友，一问才知，他们已经分手，说是女孩在男孩身上看不到希望。具体情况是男孩因打游戏荒废了学业，除了第一学期成绩尚可，其余几学期没有不挂科的。由于挂科太多，三年后没能毕业。他非但没有痛定思痛，反倒利用父母不懂英语，骗他们说自己已经毕业了，正在考雅思准备移民。他的盘算应该是只要将来随女友移民，自己就能坐享其成。只要最终移民了，所有的谎言就都烟消云散了。移民后，开个公司或饭店，干什么不行。于是他每隔一段时间就给父母编造个借口。旧的谎言站不住脚，就编一个新谎言去掩盖。先说考雅思，再说雅思没过，需要再考；过一段时间，又说雅思过了，但还得职业评估、体检、移民排队，反正是各种谎言、各种糊弄，能拖一天是一天。没想到，四年后，女友终于移民了，却与他分手了。

据说他还在悉尼的一家中餐馆打工，早已逾期滞留。他不想回国，觉得没脸见父母。

拖沓、逃避与痛苦

如果说女友与他分手的原因是看不到希望的话,他一步步走到如今境地的根源就在于他拖沓的习惯。他清楚自己作为大学生首要任务是学习,但是他控制不了自己打游戏的念头和行为,将学习任务一拖再拖。反正父母不在身边,没人监督。结果,他的情况变得越来越糟。

反思他的经历,令人唏嘘的不仅是他失去的七年青春、父母的巨额资金投入和"爱情",更可怕的是,谎言就像重石压在他的心头,像针一样时刻刺痛着他的神经,让他处于持续的烦躁、焦虑之中。这种持续的烦躁、焦虑会给他带来持续的自我否定,让他感到自卑,严重破坏了他对自我价值的认定,还可能严重损害他的精神健康。

拖沓的习惯给他带来了巨大的痛苦,而痛苦的来源则在于他以拖沓来逃避问题。这里的问题是指有价值但艰难的任务,需要一个人踏实勤奋、刻苦努力才能完成的事情,对他而言就是学好功课。直面问题、解决问题需要抑制人好逸恶劳的天性,需要有坚毅的品格,而他的家庭教育中无疑缺乏这方面品质的培养。

逃避问题最常见的情况是先做容易的,把困难的工作往后一推再推,最后应付过关。逃避问题让人不仅对问题视而不见,而且可能用游戏、酒精,甚至毒品来麻醉自己,换来一时的解脱。就像这个男孩明知道不刻苦攻读就无法大学毕业,但仍沉迷于网络游戏,贪图一时之快一样。

逃避问题只会加剧痛苦。拖沓虽然让人得到短暂的安逸,但所产生的痛苦比问题本身的痛苦还要来得强烈,而且随着时间的拖延而越发猛烈,使人痛苦不堪。逃避问题不仅会导致学习、生活和工作上的失败,而且还会引发焦虑、抑郁等各种心理问题。

逃避问题的人不愿面对这样的现实:人生就是一个不断解

决问题的过程，无论是哭哭啼啼还是勇敢面对，问题都在那儿，不会自动消失。而且解决完一个问题，另一个新问题就会出现，甚至成群结队地出现；但快乐也会随着问题的不断解决接踵而至，源源不绝。

他们也不愿正视这样的事实：没人会喜欢问题，逃避问题是人的本能。然而，成长就必须经历痛苦，就必须战胜这个人性的弱点。一个人只有经历辛苦、孤独、挫折、失败甚至绝望的磨炼，才会开发心智，才能够真正成长。

美国前总统本杰明·富兰克林说："唯有痛苦才会带来教益。"聪明的人应该直面问题，迎上前去战胜它。直面问题可以说是一个人成熟与幼稚、成功与失败的分水岭，是一个人心智成熟的开始。

因此，父母不仅在学习上要让孩子劳逸结合、注重效率，而且要鼓励他们直面问题，学习忍受艰辛、痛苦。告诉他们：痛苦对一个人的一生具有非凡的价值。你所经历的挫折，一定会成为你的财富；你所遭受的苦难，一定会照亮你前方的路。

八、坚毅才是阶梯

我们倡导快乐学习，但事实上学习并非总是快乐的。无论是百思不得其解的思考、枯燥的记忆、反复的练习，还是无处不在的竞争压力以及不期而至的挫折、失败，都很难说是快乐的。即便兴趣是最好的老师，不付出辛苦，不忍受孤独，兴趣也是不会持久的。

无法忍受辛苦、孤独，无法承受挫折、失败的人是无法获得真正快乐的，不经历这些痛苦也不可能取得事业的成功。美国桥水基金创始人亨瑞·达利欧（Ray Dalio）结合自己白手起家的经历说：痛苦是成长的信号。只有经历了挫折，战胜了痛苦，孩子才会成长。

大学生的致命短板

不可否认，很多经过高考洗礼考上大学的学生都非常勤奋。他们一般从高一开始，每周上五天课，从早七点到晚十点，周末还有大量的作业要完成。他们还要坚持体育锻炼，以便能承受高中繁重的学习压力，很多学习优秀的孩子都有几门极其擅长的体育运动。他们能在一天二十四小时内平衡好学习、锻炼、吃饭、睡眠等，可以说毅力非凡，也可以说都是"时间管理大师"。

然而，也有个别拿高分的学生进入大学后，因没有了父母和老师（辅导员只负责安全和纪律）的监督而动力匮乏。于是，他们开始逃课，整日沉迷于聚会、交友，或是日夜颠倒地打游戏，怎么开心怎么来。

显然，这种学生高中时候的"毅力"需要加上双引号，因为它是在老师、父母的密切指导和监督之下，同学间你追我赶、激烈竞争中的一种身不由己。早出晚归的学习、大量的课程讲解、高强度的习题训练和密集的成绩评比，加之家长的监督和殷切期待都给他们一种有进无退的压力。这种在外部压力下的"毅力"只不过是一种被鞭打后的狂奔。在大学，没有了这些压力，突然降临的自由就会让这些孩子天性中贪图享乐的一面迅速复苏。

他们天性中的这一方面在成长过程中从未得到过抑制，只是过去忙于功课而无暇顾及而已。虽然这些孩子对未来充满了焦虑和恐慌，但贪图享乐使他们身不由己，沉迷聚会、交友和游戏，在痛苦彷徨中窃取一时的快感。这些孩子中的一部分即便大学毕业，步入社会，也可能拈轻怕重、好高骛远，不愿脚踏实地地努力工作。

坚毅才是成功的阶梯

2011年9月14日，《纽约时报》公布了一项对纽约200所学校的研究成果：决定孩子最终成功的关键因素不是高分、智商，而是性格力量，即坚毅。坚毅的英文是grit，本意是"沙堆中坚硬耐磨的颗粒"。坚毅就是激情和毅力，成功就是带着激情，通过毅力来战胜挫折的努力。

宾夕法尼亚大学教授安吉拉·达克沃斯（Angela Duckworth）通过长期对高中生、大学生以及商业、艺术、运动、新闻、学术、医药、法律界诸多人物的观察、采访和分析，也发现比起智力、学习成绩或者长相，坚毅是最为可靠的预示成功的指标。无论在什么领域，能够取得事业上的成功的人都拥有强烈的热忱和过人的坚韧——这就是坚毅的品格。

调研发现，在大学表现出色的学生往往是那些乐观、有恒心和自制力强的学生。一次成绩不佳会让他们决心下次做得更好，父母的批评能够成为他们迅速反弹的动力，他们能够抑制住跟朋友去看电影的冲动而待在家里学习。很多人年少时聪颖、有天分，但最终一事无成，根本原因就在于其性格中缺乏坚毅的品质。

对于用人单位来说，则喜欢招聘那些家庭条件一般，但有志向、能吃苦的人（这样的人被称为"拳击手"，scrapper），因为他们有魄力、顽强、不畏惧失败、总是不断尝试、探索。而那些"含着银汤匙出生的人"往往怕苦怕累，忍受不了挫折，容易灰心丧气，习惯于抱怨。

因此，坚毅的品质才是一个人取得事业成功的关键。而培养坚毅的品质需要从延迟满足开始。

九、延迟满足

培养坚毅的品质，首先要推迟享受。说到抵御享乐的诱惑，我们必须先聊一聊一个具有里程碑意义的实验——棉花糖实验。

棉花糖实验

从20世纪70年代末到21世纪初，美国斯坦福大学心理学家沃尔特·米歇尔（Walter Mischel）和埃比·B. 埃伯森（Ebbe B. Ebbesen）设计了一个叫"棉花糖"的实验（marshmallow experiment）。这个实验最初在4~6岁的600个小朋友中进行。

科研人员把这些小朋友分别带到空荡荡的小房间里，房间里面只有一张桌子和一把椅子。科研人员拿出棉花糖、糖果和面包圈，让他们选择一个自己最喜欢的。然后告诉他们，如果15分钟后没吃，那么他们会再得到一个作为奖励。然后，科研人员把剩下的零食都带走了。

这时，通过监视器可以看到，大部分小朋友迅速拿起他（她）喜欢的东西扔到嘴里；但有的把眼睛蒙上或扭过脸去，努力不去看；有的则用脚踢桌子；有的女孩还拽自己的辫子，努力去分散注意力。显然，对这些孩子而言，这个过程颇为煎熬。15分钟后，共有三分之一的孩子得到了奖励。此后，科研人员对这些孩子进行了长期跟踪，结果发现，长大后，那些忍受得住煎熬的孩子，无论是学习成绩还是事业发展，都要远远好于那些迫不及待享受的孩子。后者中甚至有一部分孩子还会表现出冲动、任性，在学校会一时兴起就逃课、逃学、打架斗殴，有的还染上了酗酒和吸毒等恶习，有的被拘留过。这些孩子一旦进入青少年阶段，即便有心理学家和心理医生的介入也大都无济于事。而对于任何试图阻止他们冲动任性的尝试，这些孩子都表现出了反感和严重的憎恶情绪。

随后三十多年间，各国心理学家对不同年龄、种族和国家的孩子进行了大量类似的实验，都得出了类似的结果。

于是，心理学家得出结论：能够克制欲望的人更容易获得事业上的成功，即延迟满足（delayed gratification）——放弃即时满足的人更容易事业成功。

延迟满足

也许很多家长会想：那不就是我们平时说的"先苦后甜"吗？不就是"先吃苦，后享受"吗？这样的说法，我们传统文化里很多，像"少壮不努力，老大徒伤悲""吃得苦中苦，方为人上人"都是如此。

然而，实际上延迟满足不仅仅是需要经历几年或几十年时间跨度的"先苦后甜"，其所蕴含的内容要丰富得多。

延迟满足是通过优先经历痛苦并战胜它来强化快乐的（Peck，2008）。比如，针对每一天的学习或工作任务，要先完成学习或工作任务再去享乐，而且要先完成最难的任务。

举个简单的例子，一天你有七小时，计划一小时学习，六小时玩乐。如果你先完成了一小时的学习，就等于一小时的辛苦（当然学习也会有乐趣）和六小时的快乐；但如果你最后才去学习，就等于六小时的忧虑（有心事）和一小时的辛苦。

如果你一天需要学习七小时，其中一小时的任务很艰难，而其他六小时的任务很轻松。那么，先完成最难的，就等于一小时的痛苦，加上六小时的轻松；反之，就是六小时的忧虑加上一个小时的痛苦。

哪种做法更划算是显而易见的。逃避问题会加剧痛苦，而延迟满足所带来的快乐更强烈和持久。延迟满足才是快乐的真正秘诀。

因此，家长需要培养孩子尽早养成延迟满足的习惯。如孩子玩游戏的时候，让对方先手。孩子想要看手机或电视、玩游戏、出门玩耍，必须先做父母要求的事或功课。每天早上，要让孩子把一天中最困难的问题先解决掉，如早上读英语、记单词。通过进行这样的日常训练，孩子在12岁时无需家长监督，就会自觉先写完作业再玩手机，而在十五六岁时，延迟满足就会成为他们的习惯（Peck，2008）。

父母要意志坚定，不能因为孩子一哀求就心软。因为孩子一旦形成"先享受，后付费"的生活习惯，就会变得做事拖沓、得过且过，学习成绩自然不会好，甚至成年后生活也可能不尽如人意——工作不顺、生活坎坷，甚至婚姻不幸。

父母需要花时间多与孩子相处，观察孩子的言行举止，及时发现问题。比如，想吃某种水果、零食或想要某个玩具，就必须马上买；搭积木城堡时没有耐心；等等。发现问题后，要跟孩子讲清"延迟满足"的道理，鼓励孩子约束自己的欲望，先苦后甜。

当然，要求约束孩子，家长本身必须先要自律。如果父母自己整天沉迷玩乐、做事拖沓，却告诉孩子"照我说的做，不过别学我"，孩子就无法听进去。

设定时限

延迟满足是先苦后甜，是先苦才有加倍的甜，但如果苦得拖沓、低效，苦也会加倍。因此，为提高学习效率，必须为每项学习任务设定时限。

帕金森法则（Parkinson's law）指出：一项任务会自动膨胀，直到充满或用掉所有可利用的时间。比如，一小时作业，如果不给出时间限制，孩子整个下午就都可能在忙这一件事。因为，孩子知道还有很多时间，就会注意力不集中，边写边玩手机或跟同学聊天，效率就会极低。

因此，父母要指导孩子为每项功课设定一个时限。设定的时限既要依据功课的难度，又要尊重孩子的意见。父母可要求孩子必须在规定时间内做完，哪怕只是一个框架或草稿，也要按时完成。

如果孩子做不完，则应分析一下是不是功课或作业难度太大，是否需要在时限上做些调整。如果是，可以让孩子休息一段时间后，再给他们一个时限，限定必须完成。但如果孩子学习期间心不在焉，要么写得很慢，要么发愣，则需要监督引导，帮助他们逐步适应。

一些家长望子成龙心切，无法容忍孩子闲着；只要看到孩子不学习，就会给他们安排新的学习任务。这会让孩子觉得写得快也没用，父母还会安排别的功课。于是，孩子就开始消极抵抗——拖，反正快也没有好处，那我为什么要"快"呢？

家长切忌不愿让孩子"闲着"。当孩子按时完成了功课或作业后，该放松休息就放松休息，该玩就去玩，一定要信守承诺。如果孩子提前完成功课，还应该让他们提前放松休息。当然，这是以确保功课质量为前提的。

孩子效率高就要奖励。美国芝加哥德保罗大学的心理学教授约瑟夫·费拉里（Joseph R. Ferrari）指出，要表扬、奖励孩子的学习效率高，而不是惩罚孩子的拖延。也就是说，如果孩子提前完成功课，就要表扬孩子效率提高了，还可以允许孩子去做自己喜欢的事情（如多看一集电视剧），让孩子感受到效率带来的好处。而不是孩子越拖沓，越要惩罚他们多做练习。

总之，主动面对问题是痛苦的，但因环境所迫而不得不面对时会更加痛苦。延迟满足是一种选择放弃享受，主动遭受小的痛苦而去避免未来遭遇大的痛苦的行为，是培养孩子坚毅品质的一个重要手段，也是提高孩子学习和办事效率以及强化快乐的秘诀。

十、满足正当需要

一位好强能干的母亲谈起她的苦恼时一脸无助。

她说自己年轻的时候，有一次在街边小卖部看到三四岁的孩子哭着嚷着要买好吃的，但衣着简朴的妈妈显然没有多少钱，只是匆忙买了几件日用品，就在老板和其他顾客的注视中尴尬地拖着孩子逃离了。这件事对她刺激很大。她暗暗发誓，自己一定要多挣钱，绝不让自己的孩子和自己将来遭受同样的痛苦和尴尬。

她经过多年打拼，后来事业有成，并结婚生子。她轻松地实现了对自己的承诺，在超市，告诉孩子随便拿；在饭店，告诉孩子随便点。她要让孩子感受浓浓的母爱，能满足孩子的欲望给了她一种作为母亲的自豪感。然而她没有想到，孩子的欲望变得越来越强。过去是玩具火车、遥控飞机，现在是限量版跑鞋、最新款手机。"不给他买，他就说我不爱他了。"

他才 15 岁，这位妈妈很担心将来满足不了孩子该怎么办。虽然自己和丈夫现在收入还不错，但如果孩子这么要下去，他们早晚有一天会无能为力。特别是孩子学习成绩不好，心思明显不在学习上。

的确，很多家长没有意识到欲望对于孩子同样是个无底洞。他们觉得孩子要的东西再贵能贵到哪儿去，反正家里有这个条件，为什么不让孩子享受一个快乐的童年呢？给儿子买一屋子的玩具，给女儿买几个柜子的衣服又能如何？

然而，孩子想要的，小的时候就从好吃的、好玩的，到名牌文具、服装，再到大牌手机，等等。大了以后，可能就是跑车、奢侈品，欲望将是一头脱缰的猛兽，有几个家庭能够负担得起？最关键的是一旦沉溺于物质享受，孩子的注意力将不再放在学习上,他们也就不再进步和成长了。

那么,家长该如何控制孩子的欲望呢?

只满足孩子的正当需要

抑制孩子物欲的一个根本原则就是只满足正当需要,即满足孩子生活和学习所必需的。对于孩子的基本需要,如服装、文化用品,父母无疑必须买。比如,一个季度需要两三套衣服换着穿,条件好的也可以买一些品牌衣服。孩子衣着得体大方,自己感觉像个朝气蓬勃的学生,别人看着也舒服。父母切忌赶时髦,有新款上市就要买。像有的孩子喜欢买最新款的名牌鞋,甚至还要收集限量版,对此类要求,父母要坚决拒绝。

对于孩子因一时兴趣爱好而表现出来的欲望,父母要等等看。有的孩子见到别人弹钢琴,就嚷嚷着要学钢琴,父母就立马买了一架钢琴,还专门请了个家教老师。但孩子没到一周就厌倦了,再也不愿碰钢琴了。见同学拉小提琴,又想学小提琴,家长又给买了小提琴,孩子也只新鲜了两天。

对于这种情况,父母要等一等,可以先让孩子上个兴趣班,用兴趣班的乐器,看看孩子是不是真的感兴趣,真正感兴趣再买不迟。即便买,也是实用即可,没必要一开始就选择高档品牌。

有的孩子见到喜欢的东西就要买,父母必须坚决拒绝。例如,6岁孩子见到新款的玩具就要买,13岁女孩惦记着买化妆品,15岁的男孩总想买新潮服装,这些物欲必须遏制。父母既要态度坚决,也要讲明白道理。即使孩子哭闹,也绝不迁就。因为如果无原则地满足孩子的要求,孩子就不会节俭,也不会懂得珍惜和感恩,反倒可能越来越贪心。

零用钱也要立足于孩子的需要,如出于紧急需要的电话费、交通费,或买些小文具、水和午饭的钱,这些都是合理支出,可以满足。即便如此,家长也一定要监督钱的使用方向,一旦发现不合理花销,就要迅速加以制止。要告诉孩子,学生时代是培养能力的阶段，不是追求物质享受的时候。物质享受要靠自己的能力去创造。

一位父亲告诉我，他是这样回应儿子要买一双800元的跑鞋的要求的："你现在不需要这么贵的鞋。如果你将来有本事，自己设计，那才叫自豪。"儿子听后，沉思着点点头。父亲接着说："爸爸的这双皮鞋穿了十年。"于是，儿子愉快地说："那我就不再要了。"看来，抑制孩子的欲望，家长还要以身作则。

总之，是否满足孩子的欲望，关键看孩子到底需不需要。家庭条件不那么好的，就买些朴素大方的；家庭条件好的，就买些质量好的，不必追求时尚。

拒绝贵重的礼物

父母还要抑制孩子接受贵重的礼物的欲望。同学之间互送礼物，如贺卡、书、文具、巧克力等，表示对彼此友谊的珍惜和重视，这很正常。但送进口香水、玉坠、手镯、无线耳机等贵重的礼物，就不应该了。如果接受礼物时四处炫耀，回礼时准备的礼物还要比接受的礼物贵一点儿，否则就觉得丢面子，互送礼物就成了攀比炫耀。即便孩子的这些礼物价格未必昂贵，但也超出了学生可以支配的零用钱的额度。最关键的是，学生的责任是学习。学生间的友谊应该是纯洁的，不应夹杂物质利益，而孩子一旦开始用礼物的价值来衡量友谊的分量，他们也就会变得越来越虚荣。这种物质攀比不仅不利于孩子专注于学习，也让友谊掺了水分。

其实同学之间，花了多少心思准备远比礼物本身的价值高低重要得多。比如，画一个书签，并写上自己对同学的美好祝福，让他每天学习的时候都能看到，要比给他买一个无线耳机好得多。书签既能每天带给同学积极向上的正能量，同时又不用让他苦恼如何回礼。

因此，为了抑制孩子贪图享乐的欲望，父母一定要做到满足孩子正当需要的而非想要的，也不要让孩子接受贵重的礼物。这样，孩子才能消除杂念，专心学习，顺利成长。

爱不是一味满足，而是合理给予和合理抑制。

十一、培养自律

根据《剑桥词典》释义，自律就是当你不愿意做你应当做的事情时，仍能迫使自己去做的能力。根据美国心理协会的学术定义，自律就是控制自己的冲动和欲望，为追求长期目标而放弃眼前的满足。也就是说，自律就是全面延迟满足的能力。

如果把好逸恶劳看作人的第一天性，那么培养自律就是培养人的第二天性——终身习惯。前文讲了延迟满足的内在机制，以及应当设定时限来克服孩子学习拖沓的毛病，下面将阐述全面延迟满足的能力（即自律）的前提、动力、环境及策略。

培养自律品质

人类天性中有好逸恶劳的一面，表现为懒惰、追求享乐、逃避痛苦等，如果人们都顺从于这一天性，那么人类社会就不存在什么进步和文明了。人类只有适当抑制这一天性，放弃暂时的享乐而勤奋努力地工作，制定并共同遵守法律和道德规范，社会才能进步发展，人们才能愉快和谐地生活。因此，为了长远和共同的利益，人类必须自律，并养成终身习惯。谁养成了这一终身习惯，谁就能享受更好的生活，拥有更好的未来。

培养自律品质并非仅指先苦后甜如"十年寒窗无人问，一举成名天下知"，更是指培养一种生活习惯。如同一个人一般不会随地大小便，而是习惯找卫生间，即便卫生间有很多人在排队，也会耐心地排在后面。再比如刷牙，刷牙并非我们的天性，既要买牙膏、牙刷，刷起来又有点麻烦，但刷牙有利于保护牙齿，刷牙后我们还会感觉很舒服，我们就会每天刷牙，慢慢地也就习惯了。

自律就是这样一种品质，就是抑制人好逸恶劳的天性并培养新的生活习惯，将人的天性升华。自律能力就是一个人具备第二天性的能力。小的自律能力可以帮助我们取得小的成就、获得小的幸福，大的自律能力可以帮助我们取得大的成就、获得大的幸福。

自律的核心就是培养延迟满足的习惯，为自己延迟满足就是对自己负责，为他人延迟满足就是对他人负责，而为父母延迟满足就是感恩。

父母要培养孩子的自律能力，自己首先要自律。

父母要先自律

身教胜于言传，父母首先要做孩子自律的榜样。当孩子小的时候，他们的生活中并没有什么参照物可供比较，因而在他们眼里，父母做事的方式就是事情应该被处理的方式。如果孩子看到父母很自律，将自己的事情安排得井井有条，那么孩子就会认为这就是生活应该有的样子。

如果孩子看到父母平时不自律，那么孩子也就会认为生活无需自律。不自律的父母常常要求孩子"按我说的做，不是按我做的做"，他们可能在孩子面前喝得酩酊大醉，甚至毫无道理、毫无尊严、毫无顾忌地争吵，懒散邋遢、言而无信，把自己的生活搞得一团糟。这样的父母要求孩子自律，怎能让孩子口服心服，怎么会有效果呢？

父母本身自律是培养孩子自律的一个重要前提。只有能够管理好自己的生活的父母才可能培养出自律的孩子。

自律的动力是爱

培养孩子的自律需要父母的管束。管束就是对一个孩子的言行进行约束，使其达到父母的期待。父母管束的内核是爱，只有爱才能够为孩子的自律提供动能。

爱会让父母细心观察孩子需要管束的地方。正如爱一个人或爱做一件事，就一定会愿意花时间一样，爱会让父母细心观察孩子的言行，诊断问题，思考管束的最佳办法。他们会在这里提醒一下、批评一下，在那里再表扬、鼓励一下。他们会观察孩子如何吃蛋糕，如何学习，什么时候会耍小聪明（撒小谎），什么时候会逃避问题而非面对问题。他们会花时间做小的纠正和调整，倾听孩子，与孩子互动，在这儿紧一点儿，在那儿松一点儿，这儿教导一下，那儿讲个故事。一个小拥抱，一个小亲吻，一点小责怪，一点小表扬。这些都是父母之爱的体现。

如果一个两岁的孩子突然笑呵呵地对姥姥说"你傻呀"，父母千万不要把这种行为看作可爱，要迅速制止孩子的不礼貌行为，并反思孩子为什么会说出这样的话来，是不是家里的大人有这样的语言习惯。如果父母对孩子的犯错听之任之，孩子就会变得越来越任性；如果父母一怒之下打了他（她）一顿，但这种惩罚是出于孩子给自己带来的难堪，而非关爱，自然也达不到管束的目的。

惩罚孩子、思考如何教育孩子，这些事情让父母在愤怒的同时，也非常痛苦纠结。他们看到孩子痛苦时，会跟孩子一起痛苦。父母的这些表现会被孩子看在眼里。当孩子观察到父母在跟着他们一起痛苦的时候，就会想："爸爸妈妈愿意跟我一起痛苦，我又有什么理由再犯错呢？"这样，内疚感就产生了，孩子在主观上就有了自律的愿望。

为孩子的痛苦而痛苦，这就是爱。爱让孩子感受到了被重视，这对孩子的心灵健康成长是非常有益的，比黄金还珍贵。爱会让孩子包容父母偶尔的疏忽，即便有时孩子冲动之下会说父母不重视他们，但是他们潜意识里清楚自己在父母心里有多重要。相反，有些父母不断反复地宣称自己有多爱孩子、多重视孩子，试图掩饰他们对孩子缺乏关爱，但孩子不会被这些空洞的言语所迷惑。虽然这些孩子总是试图说服自己，父母是爱他们的，但是他们潜意识里很清楚父母是言行不一的。

只有被父母重视的孩子才会自重，而自重是自律的基石。

自重（self-esteem，它不同于自尊 self-respect，后者强调自己的尊严和面子）是重视自己的价值。一个自重的人会肯定、相信自身的价值，并会适度关爱自己，不会一味地压抑自己而委曲求全、忍气吞声。只有自重的人才会自律，因为他们相信自己的价值，愿意延迟满足，相信现在的付出能够换来更好的未来。可以说，自律就是自我关爱（self-discipline is self-caring）。这种信念直接来自父母之爱，它在一个人成年后极难获得，一定要在童年时培养。

爱的力量甚至比榜样还要强大。我听说过这样的家庭：父亲不务正业、酗酒、邋遢、打骂母亲和孩子。孩子却非常懂事、上进，最后考上大学，事业发展也非常好。究其原因就是母亲很善良，尽管自己每日活得忍气吞声、提心吊胆，却尽可能地去抚慰、照顾孩子。母亲的辛劳和屈辱激发出孩子奋发向上的斗志，他们要独立，要帮助母亲摆脱这样的处境，要回报母亲的爱。这样的孩子往往对自己要求非常严格，非常自律。而与之相反，有些家庭中一切都显得那么有条理、得体，但是唯独缺少爱，他们的孩子依旧会不自律、有破坏力。

如果一个人能从父母之爱中培养出自律的品质，那么成年人世界中的冷暖沉浮就几乎不可能摧毁他（她）的意志（Peck，2008）。

自律的环境是信任

培养孩子的自律，父母还要为孩子创造一个充满信任的家庭环境。

学者们在特立尼达进行的另一个棉花糖实验中发现，在充满安全和信任的家庭中长大的孩子，往往对自己有责任感，因为他们相信未来，也愿意为未来延迟满足。

父母应切记，不要用"不要你了"来威胁孩子。有的父母为了快速让孩子顺从听话，一旦孩子哭闹，就会用"再不听话，就不要你了"来威胁，他们或在逛街的时候不再理孩子，自顾自地走，或把孩子关在家里的"小黑屋"，这种威胁对孩子而言意味着抛弃和死亡，会让他们产生极度恐惧。在父母常威胁"不要你了"的家庭中，孩子会严重缺乏安全感，他们会将这个外界视为危险的、令人恐惧的，这样一来，他们就会只注重眼前的利益，不会延迟满足，因为未来对他们是不确定的、不值得期待的，他们也就不再相信未来。而这种观念一旦在这些孩子的头脑中形成，会一直伴随他们进入成年，伴随他们一生。

父母还要守信用。父母对孩子做过的承诺一定要认真对待，如果孩子实现了约定的目标，那么就一定要兑现。最常见的情况就是妈妈或爸爸答应如果考好了就买衣服或旅游鞋进行奖励，结果孩子考好了，父母却变卦了。不仅变卦，还会找一些之前都不存在的理由，让孩子不仅觉得父母不讲道理，更可怕的是有可能不再相信父母了。调研发现，将物质奖励与学习成绩挂钩长期来看是有破坏性的（详见"蜡烛难题"部分），而父母的失信对孩子自律的培养伤害更大。因此，父母一旦承诺就要兑现。同时，父母应意识到承诺不应只针对孩子的学习成绩，而应着眼于孩子的努力程度。如看到孩子的确很刻苦，即便成绩不理想，同样可以带孩子去旅游度假，放松一下。

充满信任的家庭环境对孩子自律能力的培养非常重要。如果孩子小的时候失去了对父母——自己最亲近的人的信任，那就很可能破坏他们对其他人的信任，进而导致他们只关注眼前利益，只享受当下，而不再延迟满足。

培养自律的策略

约束孩子的策略很多，这里采用美国儿科学会（The American Academy of Pediatrics）推荐的基本策略。该学会共推荐了十个策略，第一就是父母以身作则，这一点已在前面论述了，下面就简述一下其他九个策略。

一是设定界限。父母要设定清晰且前后一致的规则让孩子遵守，要使用简单的语言以确保孩子能够真正明白理解这些规则。

二是提前告知违背规则的后果。父母应平静而坚决地告知孩子不守规矩的后果，如告诉女儿，如果她不捡起她的玩具，自己就会把这些玩具收起来，此后她一整天就不能再玩它们了。执行时也要坚决，切忌几分钟后就让步，把玩具又还给孩子。

三是倾听。解决问题前，要听孩子把话说完。这样，一方面可以避免误会孩子，另一方面如果发现是孩子的思想出了问题（如嫉妒），则只需要谈话交流即可。

四是关注。孩子渴望父母的关注，父母就可以用目光来鼓励孩子好的行为或阻止不好的行为。

五是语言表扬。孩子需要知道自己什么事做对了，什么事做错了。因此，父母发现孩子做对了的时候，要表扬他们。语言表扬要具体，如"好样的，把玩具收拾起来了"。

六是知道什么时候不理他们。只要孩子没在做危险的事情，并且他们好的行为得到了足够的关注，忽视孩子不好的行为也是阻止这类行为的有效办法。忽视孩子不好的行为能够教导孩子承担自己行为的后果。例如，孩子如果有意将饼干扔到地上，那么她就没有饼干吃；如果她摔坏了玩具，那么她就不能再玩了。这样，她就会很快学会不能把饼干扔到地上和小心地玩玩具。

七是预判可能出现的问题。一些情况下孩子可能会耍闹，这就需要父母进行预判并提前讲给孩子。比如，孩子可能在超市随便要东西，父母就可提前告知他们什么能买，什么不能买，为什么，以及如果哭闹会有什么后果。

八是转移孩子的注意力。有时孩子出现不好的行为是因为烦躁或不知道该做什么，这时要引导孩子做别的事情。比如，孩子在饭店追逐打闹，父母要先让孩子知道这样做既不礼貌也很危险，让孩子观察一下别人的反应；然后让孩子礼貌地走路、拿东西、请服务员叔叔阿姨帮忙，再看看别人是什么反应。

九是让孩子自己冷静一会儿（call a time-out）。这种策略特别适用于孩子明知故犯的情况。如果孩子已经知道规矩并已经得到了警告，仍然一意孤行，这时父母就要把孩子带到另一处地方让他们冷静一下。具体时间应是孩子每长一岁增加一分钟，如 2 岁的孩子就是两分钟。孩子 3 岁以后，可以让孩子自己查看是否到了设定的时间，锻炼他们自我管理的能力。如前所述，切忌将孩子一个人关在"小黑屋"里，这会让他们极度恐惧，失去安全感，进而对父母之爱失去信心，将对他们的心理健康造成极大伤害。

以上就是约束孩子的基本策略。当然，对不同年龄的孩子而言，约束的程度应有侧重和差异。

总之，父母既要以身作则，又要学会设立规矩、告知后果、倾听、关注、表扬、适度忽视、预判、转移注意力以及让孩子自己冷静一会儿这九大策略。

培养孩子自律越早越易，越晚越难，因为习惯一旦养成将很难改变。一般情况下，大部分孩子在 10 岁的时候，就可以养成自律的习惯(Peck，2008)。

十二、做独立的自己

我听到过一位母亲这样夸自己在澳大利亚留学的儿子："别看我儿子平时在家什么都不干,但他在外边可独立了!租房子、安排水电气、做饭,生活一点儿问题也没有。"

我问她:"您现在还给孩子生活费吗?"

她回答:"给。"

我说:"那就不叫真正的独立。"

她沉默了。

独立三要素

真正的独立要有三个要素:生活独立、见解独立和经济独立。三者缺一不可,其中经济独立最为关键。

生活独立就是独立安排自己的衣、食、住、行。那位儿子能够独立地生活,就让他的母亲深以为傲。不过,这位母亲如果到澳大利亚儿子住的地方,可能看到的是厨房里满地的油渍,水池中堆满了几天未洗的碗筷;卧室凌乱不堪,满地的脏衣袜,床上被子脏兮兮、乱糟糟地堆着。这是部分中国留学生的生活状态。

见解独立就是有自己的主见。对于现在一部分年轻人而言,独立见解是一种稀缺资源。特别是在那些父母控制欲强的家庭中,家长从学习到生活,处处替孩子做主,把孩子当私有财产来保护,不想让孩子遭受半点磨难。在这种环境下长大的孩子自然很难有独立的见解,因为父母的过度控制和保护剥夺了孩子分析、判断和决策能力发展的机会。

经济独立就是能够养活自己,这不仅包括生活开销,而且包括学习费用和医疗支出等。这个维度最为重要，没有经济独立，其他两个维度就没有了根基，就像逛街身上没带钱一样——气短。

没有了经济独立，主见充其量只是想法而已，因为最终说了算的多半还是那个掌管财权的人。如果孩子经济独立了，情况就大不一样了。没有了经济障碍，孩子说话自然就有分量，父母就更可能尊重孩子的意见。这时孩子的想法就会成为主见。独立就是独立之精神，独立之精神需要经济基础。

经济独立的人往往善于安排自己的生活。因为要经济独立，就必须付出艰苦的劳动，而艰苦的劳动会使他们格外珍惜劳动的成果（报酬）。所以，经济独立的人往往生活自律，善于安排自己的生活。

因此，独立应该是在生活层面、思想层面和经济层面全方位的个体独立，是对自己的全面负责。不独立的孩子也就不能完全承担责任。

鼓励独立

鼓励独立就是鼓励孩子尝试、探索、对自己负责并勇于承担风险。如果父母因担心孩子会遇到困难、风险，总是把孩子置于自己羽翼的保护之下，那么他们的孩子就会缺乏自信，胆小怕事，害怕出错，不敢表达思想，不敢做出决策。

鼓励孩子独立首先要尊重孩子的成长能力。父母要从小就逐步培养他们形成自己独立的见解，培养他们对自己行为负责的态度，尊重孩子做自己喜欢做的事情。

以我女儿为例，自从她升入初中后，决策权就在她手里。女儿高考填报志愿，我和妻子只提供了一些参考意见，最后是她自己根据兴趣爱好和职业发展前景，选择了精算专业。

培养孩子对自己的行为负责，关键要把握好期望值。在做任何事情前，我都会跟女儿明确对彼此的期望，我会告诉她，我能帮忙做些什么，什么是她需要自己做的。如果孩子没有完成，就不要想着推卸责任，也不能让我们来收拾残局。

尊重孩子的成长，父母还要尊重孩子做自己喜欢做的事。像孩子喜欢偶像剧，可以告诉她，如果把功课做完并且成绩好就可以看一小时。这样来帮助孩子延迟满足，为了自己的兴趣更努力做那些"必须做"的事。

其次，父母还要有耐心。培养孩子独立的生活能力、思考能力需要父母巨大的耐心。例如，让孩子分担家务就可以很好地培养出孩子的生活能力和责任感，不过，每日的家务劳动单调乏味、辛苦，需要父母用钢铁般的意志来指导和监督。

最后，父母还要有开放的心态。父母费尽心思培养出了孩子独立思考的能力，彼此的观念冲突随即就会出现，争执也会随之增多。因此，父母在鼓励孩子独立思考，培养孩子有主见的同时，自己也要有开明、包容的心态：始终对新事物感兴趣，不断学习，能听得进不同的声音。

总之，父母要尊重孩子的成长能力，有期待、有耐心、有开放的心态，这样才能培养出孩子的独立品质，才能避免孩子永远依附在自己身上。

十三、无形的内驱力

电视剧《小别离》里,妈妈为鼓励女儿朵朵好好读书,提出考85分,就去古北水镇。但朵朵考了84.5,妈妈很不满意,觉得84.5是良,85才是优,坚决不同意去。爸爸很尴尬,提议去北海公园划船,被朵朵拒绝。朵朵感到很失望,赌气跑回房间。

很多父母跟朵朵的妈妈一样,喜欢用出去游玩或物质奖励来激励孩子:"如果你期末考试能达到优秀,就给你买新款跑鞋。"

但问题来了。如果孩子得了良好,是不是他(她)的努力就不应该得到肯定?就像朵朵的情况一样。如果靠物质激励,那么孩子以后不再满足于跑鞋,开始要无人机、出国游等,胃口越来越大,档次不断升高,该怎么办?

该不该用物质奖励的问题,行为心理学早有研究和发现。

蜡烛难题

蜡烛难题是德国心理学家顿克设计的。问题的具体内容是如何在软木板墙上固定并点燃一支蜡烛,而蜡油却不会滴在下面的桌子上。只有一包火柴和一盒图钉可供使用(Duncker & Lees, 1945)。

有些人试图用图钉将蜡烛固定在墙上,有些人试图用熔化的蜡油将蜡烛固定在墙上,但都没有成功。一般情况下,人们只会认为图钉盒是用于放图钉的,而没有意识到它是一个独立并具有一定功能的构件,可帮助完成这项任务。

正确的方法是:将图钉倒出,用图钉将图钉盒的一侧固定

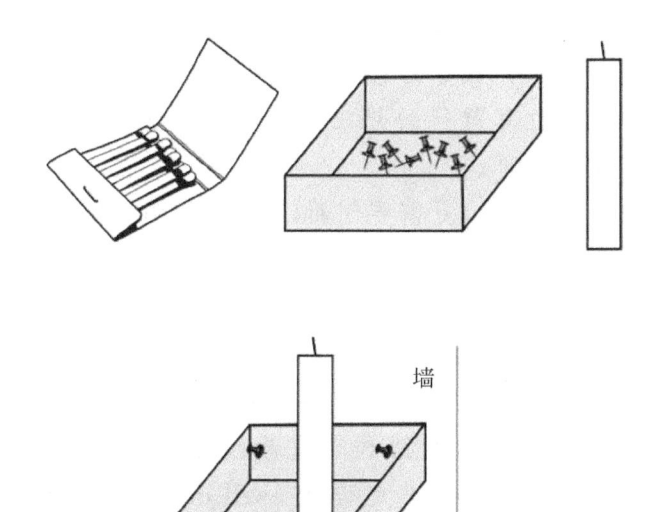

图 1　蜡烛难题

在软木板墙上，然后将蜡烛立在图钉盒里，并点燃它（见图1）。

1962年，蜡烛难题被美国普林斯顿大学心理学格卢克思博格（Glucksberg）教授用于测试金钱奖励对人的激励作用。测试很简单：两组人同时做这个蜡烛难题，第一组没有任何报酬；第二组最快完成的人得到20美元，最先完成的四分之一得到5美元。

结果发现，第一组的平均速度比第二组快3.5分钟。然而，当蜡烛难题中的物品摆放稍作调整，将图钉与图钉盒分别放置时，则第二组成绩好于第一组。

该测试被很多学者反复做了近四十年，得出来的结果都是一致的。

这个结果看起来似乎有悖常理，因为我们习惯上以为如果想让人表现好、业绩好，就需要对其进行物质刺激。但这个测试恰恰给出了相反的结论：在思考和创新上，物质刺激会适得其反；只有当一项任务有清晰的规则和明确的解决方式，人们只需专注于执行时，物质刺激的作用才会显现。

这个结论运用在家庭教育上表现得尤为明显：父母让孩子整理好自己的玩具，孩子可能没有反应；可一旦说要带他（她）去游乐场，孩子立马就行动起来。因为这类任务无需什么思考创新，只需执行即可。

而学习需要思考，更需要创新，它需要的是内驱力。

内驱力

内驱力就是因这件事本身重要而渴望去做，是无形的、看不见的。美国心理学家德西和瑞安教授（Deci，1970；Ryan & Deci，2017）提出了自我决定理论（self-determination theory, SDT）。这个理论为培养内驱力提供了理论框架。

该理论包含三个要素。

第一，自主性（autonomy），即主导自己的行动。就是让孩子根据自己的兴趣去学习，而非父母根据自己的意愿强迫孩子去学。比如，父母如果发现孩子喜欢数学、化学或音乐，就应该鼓励孩子去了解、发现、提高。这样孩子就会觉得学习是自己的事，是为了满足自己的兴趣和需要，就会自觉、主动学习。

德西教授在一系列测试中发现：当指定任务完成后，在无奖励、也无任务要求的情况下，测试者很少有兴趣再去碰它。其他心理学家如斯坦福大学的马克·莱佩尔教授（Mark Lepper）等也有相同的发现。可见，外部的物质奖励在刺激孩子的同时，也让孩子感觉自己被操纵，这样就伤害了孩子做事的内在动机，其自主性也就遭到了严重破坏：物质奖励起了相反的作用。

第二，胜任感（effectance），即有效行动，渴望越做越好，直至精通。如考试第一次得优，孩子会感觉到自己有能力做得这么好，就产生了胜任感，增强了内在动机。相反，如未能得优，孩子就会产生不胜任感，就可能会削弱内在动机。因此，父母在给孩子设定目标时不宜过高，要从小目标开始，逐渐增强孩子的胜任感。如果得优仅仅是为了获得一双跑鞋，那么，虽然也会产生胜任感，但孩子将会把自己的努力归结为跑鞋，其内在动机便被侵蚀了。

第三，归属感（relatedness），即人是社会动物，需要得到别人的认可、尊重，在社会环境中获得支持。伴随着好成绩的，自然是同学的认可、老师的赞赏。这些都是自我价值在社会领域得到的肯定，会让孩子产生自豪感、荣誉感。这种社会肯定会进一步强化孩子学习的内驱力，进而促使孩子取得更好的成绩，获得更多的认可和赞赏，孩子学习的内驱力也会更强。这样就形成了激励的良性循环（下面"激励循环"一章将详述）。

因此，激励学习的最佳方式就是培养孩子的内驱力，而物质奖励是不利于培养孩子的内驱力的，相反，从长期来看，其破坏性更大。

物质奖励的破坏性

物质奖励的长期破坏性不容忽视。首先，它会培养孩子的功利心态，导致孩子无利不起早，做什么事都讲好处。不让看电视，就不好好写作业；不给买跑鞋，上课就不认真听讲。一旦父母开始了物质奖励，包括金钱刺激，孩子就会跟父母讨价还价，讲好处，谈条件。他们一旦把学习当成与父母交易的筹码，结果就是家庭变成交易场所，孩子与父母的关系也不再是爱与责任。这自然就破坏了孩子自主学习的意志。本来学习是孩子自己的事情，现在反倒变成了父母求孩子的事情，是孩子在满足父母的需要，是在帮父母的忙。

其次，物质奖励还削弱了孩子的兴趣培养和他们对知识本身的热爱。兴趣本是一种内在的欲望，知识的魅力会激发出孩子内在的需求。而外在的奖励却人为地转移了孩子的关注点，消减甚至使孩子忘记了自己的兴趣与知识的魅力，客观上也就阻碍了孩子开发自己的兴趣和探求知识奥妙的内在动力。

最后，物质奖励会降低孩子感受和实现自我价值的意愿。因为它会让孩子只想着回报、好处，努力也只是为了回报和好处。它忽视自我价值的存在，削弱孩子实现自我价值的意愿，进而弱化了同学和老师的认可和赞扬，降低了孩子的自豪感和荣誉感。

不过，父母不应该用物质刺激孩子勤奋学习，不等于不可以给孩子物质奖励。孩子得了优秀，父母完全可以给孩子买一双跑鞋，也可以同时到饭店吃饭。但这是庆祝，就像高考取得优秀成绩、结婚生子要进行庆祝一样。只不过这样的庆祝不能预设，也不可预见。

这种物质奖励是为了肯定孩子的辛苦付出和祝贺孩子的进步，让孩子感受到父母为他（她）感到骄傲。这样孩子就不会在庆祝中迷失自我，他们会保持头脑清醒，明白学习是为自己，是自己的事情，是为了追求自己的兴趣，实现自我价值。

总而言之，激励孩子热爱学习的关键是培养孩子无形的内驱力，父母切不可将物质奖励与学习成绩挂钩。那么，具体应如何给孩子激励呢？

十四、激励循环

在这里，我想先分享一下自己激励女儿的经历。

我的女儿在国内学习一直很好，很自信，但15岁来到澳大利亚后却遭遇了前所未有的挫败感。她进入的是一所女校九年级（初三），不同文化、不同肤色、英文授课、身边没有一个中国人，这些都让她非常惶恐。的确，在中国生活了15年，离开了熟悉的文化，离开了亲切的语言环境，离开了要好的同学，她的孤独、恐惧可想而知。

开学的第一天，穿上崭新的校服，女儿踏入绿草如茵的校园，新的生活即将开始。从女儿的眼神中，我看到了兴奋、期待，也察觉到了一丝惶恐。一位女教师在教学楼前热情地迎接我们，很友好地安慰我："放心吧，您女儿不会有任何问题的。"然后就带着女儿进去了。

放学一见面，女儿乐呵呵地告诉我："挺好的！同学都非常热情，老师也挺照顾我的。"

回到家里，放下书包，我问她："上课听懂了多少呢？"

她回答："好像都听懂了。"

我说："那好，那就告诉我今天各科都讲了什么吧。"顿时，她脸色开始涨红，并支支吾吾起来。

不问，好像什么都懂；一问，却什么都说不出来，似是而非。这种情况在中国留学生中非常普遍。英语这一座高山，令人望而生畏。

兴奋还未散去，考验已然降临。

制订计划，开始激励

面对新的考验，像以往一样，我跟女儿一起开始制订学习计划。这个计划包括三部分。

第一，强化英语，每天从当天学习的课程和与同学、老师的会话中选出十个常用生词，并贴近课程和生活造十个实用的句子；第二天早上阅读这些单词和句子十五分钟，上学期间要将其中三个单词或句子用于与同学或老师的会话中；每晚写一篇英文日记，把当天的收获和重要事情记录下来。

第二，强化课堂思考。每天上课至少向老师提出一个问题，培养独立思考和表达能力；每堂课必须清楚自己学到了什么，掌握知识点。

第三，智慧碰撞，晚上我与女儿进行交流讨论。检查指导十个生词和造句质量；让女儿向我简述当天每门课的收获，就她感兴趣的话题或遇到的问题展开讨论。

制订完计划后，女儿信心满满，似乎重新激起了在国内时的斗志。

然而，在接下来的一周，每天放学见到她，仍是一副垂头丧气、无精打采、备受折磨的样子。一问，三个单词只用上了一个或两个；上课提问，要么不知道问什么，要么不敢问。

我知道，此时必须咬牙坚持。一方面，要监督她不折不扣地执行计划；另一方面，要开始激励。要夸奖她选择的每个好单词、造的每个好句，表扬她用心思考；要夸奖她上课的每一次提问，与同学和老师的每一次沟通，表扬她向自我挑战的勇气；要夸奖她提出的每一个好观点，告诉她，她正在成为越来越有思想的人。总之，肯定她的辛苦付出，表扬她的点滴进步，让她感觉到自己在不断增值。

半个月后，女儿的精神面貌出现了变化。曾经的无精打采变为朝气蓬勃，尚显稚气的小脸洋溢着青春的气息。

一天，她突然告诉我："爸爸，我现在每天都有一种充实的感觉。"

她选择的生词越来越实用，造的句子越来越贴近学习和生活。我的表扬紧随其后，鼓励也越来越多了。

她的英语进步很快，话越来越多。有关文化差异、同学关系、师生关系等问题，她都会跟我交流看法。她对人格分析非常感兴趣，不断在老师和同学身上活学活用。

一个月后的一天，女儿告诉我她以前上课听得稀里糊涂、似懂非懂的，现在突然都能听懂了。过去为完成我简述知识点的要求，她不得不课后"恶补"。现在她上课真的能听懂了，这显然令她非常兴奋，她的学习劲头更足了。她开始自我评价，反省在哪里还可以提高效率。女儿正在找回自信。

两个月后的一天放学，女儿眉飞色舞地告诉我：今天她的英文课演讲拿到了第一个A，全班得A的只有三个同学。下面的同学都热烈地给她鼓掌，老师也表扬了她。这是她来澳大利亚后，第一次取得这么好的成绩。她兴奋得不得了，她更加主动地每天读背生词、造句，到同学中使用十个单词。上课发言越来越踊跃，提问也常常不止一个。我们一起讨论的时候，她的思路越来越活跃，话越来越多，笑得也越来越开心了。

一天，她告诉我：现在越来越多的本地同学主动跟她说话，有的还主动提出跟她在一个学习小组，同学也都很尊重她的意见，非常想知道她是怎么想的。这给她带来了从未有过的欣喜。

又一天，她回来告诉我，这些老师好像都越来越喜欢她，上课的时候，总喜欢让她回答问题。今天，英语老师还小声说可以帮她先看看作业。

一晃，第一个学期结束了。在所有五门课程中，只有生物是B，其他都是A。这是一个不可思议的成绩！按她老师的话说，她所教过的中国学生中从来没有一个能在短短一学期内取得这么大的进步。

女儿非常兴奋，一连几天，快乐得像只喜鹊。不过，对于这个B，女儿颇为不甘心，信誓旦旦要在下学期报"一箭之仇"。

她已经不再需要我的监督，完全能够独立地学习了。最可喜的是她恢复了独立思考的习惯。她最喜欢的事情之一就是跟我辩论，我自然也乐在其中。

女儿的学习习惯一直保持下来，虽然她后来因为我工作的关系又转了两次学，但学习成绩一直非常好。在澳大利亚高考中，她以接近满分的成绩考入了悉尼一所名校的精算专业。

激励的良性循环

女儿的成功无疑是她用汗水换来的，但不可否认，一个由父母、成绩、同学和老师组成的激励的良性循环起到了非常重要的作用。下面，我就分享一下她的激励循环是怎样形成的。

首先，是来自我和她妈妈的肯定和表扬。家长肯定她的努力，识别她的进步是第一步，最为关键。家长要用心观察孩子的学习状态，用心识别孩子的点滴进步。有些家长无法判断孩子的功课质量而一味地夸奖，结果反而会招来孩子的轻视、反感，甚至欺骗。有的父母看到孩子语文作文个别语句非常精彩，就大加赞赏，但殊不知它是从网上抄来的，他们看不出文章内部的逻辑混乱。这样的表扬不但无法激励孩子，而且会纵容孩子投机取巧，还会招致孩子的取笑。肯定和表扬必须是孩子实实在在的进步，也必须是孩子用一点一滴的汗水换来的。肯定和表扬要让孩子觉得她的辛苦付出有见证、有认可，这样她才会坚持努力下去。

其次，通过学习成绩、老师和同学来激励。好成绩、老师和同学的赞赏使对孩子的认可由父母层面上升到学校层面，也就是得到了大家的认可、社会的认可。这种普遍意义的认可会极大地增强孩子的自信心，鼓舞孩子的斗志。对我女儿而言，好成绩就意味着她作为中国人在西方国家不仅可以做得很好，而且能够做得比大部分西方同学更好。

最后，孩子更加努力，收获了更好的学习成绩和老师同学更多的赞赏，激励循环就形成了。她学习变得更加主动，更加刻苦，自然成绩也越来越好。而更好的成绩得到了父母、老师、同学更多的表扬和赞赏，进而进一步激发出她学习的欲望。这样，一个良性循环就形成了，孩子就进入了成长进步的快车道。

这是一种朝着一个方向奔跑的感觉，是一个将自信铸入性格的过程。

夸奖努力而非智力

在这个激励循环中，有一点需要引起家长的注意。那就是除了要能够识别真正的进步外，父母一定要夸奖孩子的努力而非智力。

斯坦福大学心理学教授卡罗尔·德维克（Dweck，2012）与她的科研团队做了一个关于对比夸奖孩子方法的实验。他们从纽约一所学校挑选出400多名五年级学生，把他们随机分成两组，分别进行智力测试。

首先，给两组孩子出10道非常简单的智商测试问题。测试结束后，用两种不同方式夸奖这两组孩子。对第一组孩子夸奖智力："做得非常好了，你们一定非常聪明。"对第二组孩子夸奖努力："做得非常好了，你们一定非常努力。"

其次，给出一难一易的两个问题，让这两组孩子二选一。告诉孩子，第一个问题有点难，但它是一个非常好的学习和成长的机会；第二个问题的难度跟前面的智商测试题一样，你们一定会做得很好。结果，智力小组（第一组）有67%的成员选择了简单的问题，努力小组（第二组）则有92%的成员选择了较难的问题。

再次，又给了这些孩子一套高出他们年纪水平的测试题，题目难到他们都不可能回答上来的程度。结果发现，努力小组的孩子更努力、用时更多、更享受解题过程；而智力小组的孩子则变得非常沮丧，很多人早早地就放弃了。

最后，再给出与第一套智力测试题难度相当的一套问题。结果发现，智力小组的成绩下降了20%，而努力小组的成绩上升了30%。

针对这些发现，德维克教授和她的科研团队得出这样的结论：这些智力小组的学生觉得"你们认为我聪明、有天分，你们才羡慕我、重视我。所以，我最好不去做任何证明这种评价是错误的事情"。这样就形成了一个倾向选择稳妥的思维定式，想赢怕输的心态使他们失去了平常心，做事要么急功近利，要么逃避困难、挫折，这样就限制了孩子的成长空间。

而那些努力小组的学生则专注于努力，积极思考解决问题的方法策略，享受解题的过程。他们不仅不会觉得如果失败别人就会认为自己没有天分，反倒会认为如果他们不挑战比较难的问题，他们就不会成长。

这个实验说明了夸奖需要智慧，要夸奖孩子的努力而非智力。比如，应该说："这篇文章写得很好，思路非常独特，你一定动了很多脑筋。你是怎么想出来的？"而不是"宝贝，你真聪明"。

正确的夸奖会促进孩子的成长，而错误的夸奖则会让孩子逃避挑战。

简言之，要帮助孩子建立激励的良性循环，同时也要注意夸奖孩子的努力而非智力。

十五、负强化

赏识教育是最有效的教育手段之一，夸奖会帮助孩子培养自尊、进取、自信等优良品质，激励的良性循环会极大地提升孩子的自我价值感。不过，一味地赏识也是行不通的，空泛、过多的夸奖会贬值，没有批评与惩罚更会让孩子失去责任意识。

夸奖贬值了

我曾指导过一个初中女孩。一次她解开一道题，我表扬了她，旁边她的母亲随即附和。可妈妈话音刚落，她就回了一句："你可闭嘴吧。"弄得母亲一脸尴尬。

我大为震惊。她是家里的独生女，父母都围着她转。特别是她母亲，只要她不在学校，几乎跟她形影不离，和她关系很好。

我问她："你为什么这么跟妈妈说话？"

她不以为然："我妈总是这样，这种话她说得太多了。"

显然，母亲平时应该没少夸她，与其说她对母亲的夸奖已经习以为常，不如说她已经不把母亲的夸奖放在眼里了。

很多家长像这位妈妈一样过度依赖赏识教育，无论孩子做什么，都是"你真棒""你太厉害了"。空泛而过多的赏识不仅把赏识变廉价了，还把自己也弄廉价了，很容易导致孩子自我膨胀，变得唯我独尊、任性霸道。一味夸奖还会使得孩子只想听好听的，只听得了表扬，抗挫折能力差。

父母一味夸奖，不愿批评孩子，不敢指出问题，仍然是在告诉孩子无需为自己的错误行为负责。这是在纵容犯错。

负强化必不可少

美国心理学家斯金纳(Skinner,1938)创立了操作性条件反射(operant conditioning)理论。他认为,人的行为是通过奖励和批评、惩罚来修正的。奖励会鼓励、延续或扩大这一行为,这叫正强化;而批评、惩罚会使人削弱或减少这种行为,称为负强化,有时不给予奖励或少给奖励也是一种负强化。

对于孩子的教育,家长无疑要以正强化即赏识教育为主,但也绝不要忽视批评、惩罚即负强化的作用。负强化不可或缺,因为没有人会不犯错,有错就要改,就需要负强化。

正确运用正强化很重要。10岁的儿子帮助妈妈刷碗,如果妈妈的反应是"儿子长大了,知道体谅妈妈的辛苦了",那么儿子以后就可能更经常、更主动地帮助妈妈刷碗。如果妈妈的反应是"男孩子刷什么碗,只要把学习搞好就行",那么儿子以后就可能不再帮忙刷碗了。妈妈对儿子刷碗行为的反应决定了儿子是强化、弱化还是放弃这一行为。

正确使用负强化同样重要。例如,孩子承认偷拿家里的钱去打游戏时,父母应严厉批评孩子这一行为,可以先伤心地说:"爸爸妈妈觉得我们是一家人,一家人就应该相互信任、相互依靠。你这么做不仅伤害了我们对你的感情,而且也辜负了我们对你的信任。你难道希望爸爸妈妈不信任你吗?你难道希望爸爸妈妈把钱藏起来,天天防着你吗?我们非常伤心。"接着,父母可将话锋一转:"不过,每个孩子都会犯错误,爸爸妈妈可以原谅你第一次犯错,但绝不允许你再犯同样的错。"然后,要求孩子面壁站立反省,面壁时间根据孩子的年龄决定。这样,孩子不仅会在思想上意识到偷拿家里的钱这件事给父母带来的伤害和产生的严重后果,而且其身体自由也遭受到一定的惩罚,就自然会下决心改正。

在这件事的处理上,如果父母害怕伤害孩子的自尊心,没有采取批评和面壁思过的惩罚,反倒表扬了孩子的"诚实",只是叮嘱孩子以后别再拿家里的钱打游戏了，那么孩子的错误就没有得到负强化。他们既没有意识到错误和问题的严重性，也没有得到教训，以后就还可能再偷拿家里的钱。

父母必须要帮孩子形成这样的意识：要做对的事，错误的行为是要承担后果的。该批评就得批评，该发的脾气不妨发一点。否则，孩子就不能认清自己的错误和问题的严重性，无需为自己的错误行为负责，且家长还会忍出"内伤"。发完脾气后，把道理及时讲清楚，再和孩子做点开心的事，一切就都烟消云散了。

我采访过一个女大学生。她说小的时候父母都打过她，而且还比较重，她的原话是"是那种让我能感到很疼的程度"。她说她父母打她有个特点，即先讲道理，后打；而且打时，还会宣布一下，让她有个心理准备。

当然，我们反对体罚孩子。但无论是之前还是之后跟孩子讲道理，批评和适度都是必不可少的。

甚至有的时候，无需批评和惩罚，仅仅利用惩罚的威慑作用就是有效的。女儿小时候，有一次遇到不会的数学题，就马上跑过来，让我讲解一下；写作文时也会马上跑过来，说不知该怎么写。

这时候，我通常会毫不客气地说："自己先去想。想完再找我。"

过了一会儿，她又跑过来说想不出来。

我告诉她："那好，现在我给你十分钟，想一想你为什么想不出来，哪里不会。如果五分钟后，你连哪里不会都不知道，那你就要面壁站五分钟。"

瞬间，泪水盈满了孩子的眼眶，她委屈地转身离开了。但大部分情况下，不需要面壁孩子就有想法了，至少知道自己哪里不会。

孩子委屈，我心里也难受。但惩罚的威慑的确起到了强迫女儿思考、强化她的自我责任意识的作用。虽然父母要以赏识教育为主，但也不妨偶尔运用惩罚的威慑。

批评、惩罚的目的是让孩子对自己的行为负责，培养孩子的责任意识。没有批评、惩罚，孩子就无需承担自己错误行为的后果，就等于是纵容这种行为。同时，批评和惩罚会刺激孩子更深刻地反思自己的问题和差距，哪怕只是惩罚的威慑，都会给他们压力、紧迫感，激发他们的"求生欲望"或斗志。只有孩子深切意识到了问题和差距，进步时得到的夸奖给他们带来的成就感才会更真实、强烈。

当然，批评和惩罚也要讲究方式方法，对不同性格的孩子，父母应采用不同的策略。比如，对于较内向的孩子，一个不悦的眼神可能就足够了；而对于总是大大咧咧的孩子，也许就需要"当头棒喝"了。

总之，赏识教育对孩子正向人格的培养至关重要，但批评、惩罚同样必不可少。没有批评和惩罚，教育就失去了负强化功能，父母就失去了培养孩子责任意识的一个有力工具。

十六、承受委屈

孩子抗挫折能力差、承受不了一点儿打击是令很多家长忧心忡忡的问题。父母说两句，孩子就离家出走了；老师说两句，学生就不去学校了。感觉好像现在的孩子承受不了一点儿委屈似的。

客观地讲，孩子抗挫折能力差或孩子承受不了委屈不应是孩子遭受不公平对待的借口。老师，特别是父母要理解、体谅孩子，要倾听，要有耐心，努力给孩子创造一个温暖公正的学习和生活环境。

不过，父母有必要告诉孩子，不论是在家庭、学校，还是在工作岗位和社会上，绝对的公平是不存在的。父母要在尽量不冤枉孩子的同时，培养孩子承受委屈的能力。因为学习承受委屈就是在塑造孩子坚毅的品质，对他们的快乐和事业成功有很大价值。

我采访过一个上八年级的女孩。她告诉我她已经基本不跟父母交流了，因为妈妈总是不分青红皂白地训斥她，而爸爸很少在家。

一次，网课老师给妈妈发短信提醒，说要按时交作业。妈妈就骂她，说要是不想学就别学了。

她跟妈妈解释说老师给发的是提醒信息："不是我作业没写完。你把它看清楚再说行不行。我写了，是软件出了问题，还没提交呢。"

可是，妈妈就是不信。恰好爸爸在家，他看了笔记本电脑，确认孩子是做了的。

但妈妈又说："这个就算你做了。那你那套题（每天要求做的）做了吗？"

看到妈妈明明知道自己错了也不道歉，孩子便跟妈妈赌起气来，说："我就是不做。"

结果，妈妈暴跳如雷，伸手拿过笔记本电脑，高高举起，狠狠地砸在地上。

这个原本只需查看一下电脑就能消除的小误会，由于母亲的脾气火爆、不相信孩子而引发了孩子激烈的对抗，不仅损失了一台电脑，还让孩子失去了对母亲的信赖。

冤枉孩子

冤枉孩子的情况在很多家庭都存在。家长既不事先了解情况，也不给孩子解释的机会，劈头盖脸就是一顿训斥。而当意识到自己错怪孩子后，有的却不愿道歉，来了句"有则改之，无则加勉"；有的不仅不道歉，反而去指责孩子存在别的问题，有一种不挑出点问题誓不罢休的架势。

实际上，前面所说的那个女孩的学习成绩一直是优秀水平，她是英语课代表，还爱读历史书。她没做的那套题只是还没来得及做，毕竟晚饭后还有时间。

家长的横加指责常常会激起孩子的逆反心理。本来打算做的功课，就是不做。因为他们会觉得即使做了，家长也会挑出别的毛病。父母的本意是督促孩子学习，实际却严重打击了孩子的学习积极性。

家长冤枉孩子还会极大地伤害孩子的自尊心和对父母的情感。孩子感受不到父母对他们的理解和尊重，自然就开始不再相信父母，开始疏远父母。

父母本应该是与孩子最亲密、最值得孩子信任的人。他们本应该是孩子在外面受到委屈回家哭诉时可以依靠的肩膀，然而，冤枉孩子的行为却让他们成了孩子反感、怨恨、疏远的对象。

这会给孩子带来一种深深的心灵孤独。他们还未成年，需要父母作为心灵的避风港，那里风平浪静，有阳光、温暖和信任。

父母绝不能冤枉孩子。要耐心，要心平气和地了解情况，要听孩子把话说完。在没有确凿证据前，不要轻易下断言。万一父母冤枉了孩子，一定要诚恳地说"对不起"。这不丢人，人人都会犯错。知错就改，善莫大焉。一句"对不起"是在告诉孩子，家长是个正直的人、公正的人。这正是给孩子树立榜样的机会。

学习承受委屈

父母除了不冤枉孩子之外，还要告诉孩子人生不如意事常有，要帮助孩子学习承受委屈。因为无论是在学校里，还是以后走上工作岗位，都可能会有觉得很委屈的事发生。

早做心理准备会让孩子更安全，而没有心理准备则可能给孩子带来灾难。家长应该将一些自己在外面受委屈的经历讲给孩子听。尤其是自己当时的感受，当时是怎么做的、效果怎样、有哪些经验教训，以帮助孩子正视委屈，学习化解委屈的方法。

不要担心这些事情会给孩子带来负能量，不会的。这就像是让孩子知道生活中不仅有阳光明媚，还会有雨雪雷电。这样，他们注意到变天时，才会知道要带上雨衣，多穿些衣服，寻找安全的地方躲避。

如何承受委屈

有人说："人生在世，注定要受许多委屈。而一个人越是成功，他所遭受的委屈也越多。要使自己的生命获得价值和光彩，就不能太在乎委屈，不能让它们揪紧你的心灵、扰乱你的生活。要学会一笑置之，要学会超然待之，要学会转化势能。"

下面就谈谈如何将委屈转化为势能。这里所说的势能，就是过人的品质（冷静）和处事技巧。

这里，我想借鉴一下澳大利亚中小学指导孩子遇到不公平对待时的基本技巧。它主要包括两个时段的策略：事发时和事发后。事发时的三个应对策略如下：

• 让对方（老师或同学）发泄完情绪。不仅因为在对方激动的情况下无法进行正常的沟通，而且这样也便于自己全面清楚地了解对方指责的内容。

• 平静地陈述自己掌握的事实。保持冷静极为关键。当受到不公平的待遇或感到委屈时，孩子的情绪会非常激动，这很正常，但情绪激动是非常不利于解决问题的。因此，要学习克制自己的情绪，用平静的语气陈述事实，把它看成培养和展示自己冷静品质的机会。

• 表达自己的感受，提出建议。可以告诉对方"你这么说让我很难受"，但不要人身攻击。然后告诉对方："如果你对我有看法，可不可以好好说或者直接跟我说。"

事发后的三个应对策略如下：

• 向父母和自己信任的师长寻求帮助和建议。
• 减少、避免与有意冤枉你的人交往。这样的人，基本上无论你如何努力，都无法与其成为朋友。
• 建立自己的社交圈。这样在被冤枉的时候，就会有人站出来替你说话。

当然，这些策略说起来轻松，做起来并非易事。在一些情况下，可能还需要随机应变，如用幽默的方式来化解。

冯仑说，伟大是熬出来的。的确，委屈也可以成为一种成长的养分。

家长应让孩子意识到委屈是生活的一部分，要有意识地训练他们学习承受委屈，培养他们的抗挫折能力。

第三部分
品质成长与感恩父母

除孩子个人的安身立命和事业成功外，幸福还需要一个彼此牵挂的家庭——一个情感寄托之所、精神安定之地——以滋养心灵。而要营造幸福家庭，就必须培养孩子的感恩品质。也就是说，培养孩子为父母付出的习惯。如果孩子从小没有养成这一习惯，即便他们才华横溢、事业有成，也可能变得唯我独尊、冷漠、不知回报，对父母的孤独病痛熟视无睹，甚至还会搜刮、嫌弃父母。孩子只有养成了这一习惯，他们才会为自己的付出感到骄傲，对自己的无所作为感到内疚，父母才能享受到天伦之乐，拥有温暖的家庭。最终，孩子的幸福也就能够成为父母的幸福。

这个部分先阐述好品质的来源及其内在成长规律，解读孩子爱的回报；再讲解培养孩子的同理心和责任感，着重解析分担家务对培养孩子感恩父母的品质（即为父母付出的习惯）的决定性价值，以及分担家务的策略方法。

一、好品质是天生的吗？

一些年轻父母认为好品质是天生的，相信自家孩子本质好，长大一定错不了。然而他们不知道，很多年过半百的父母正陷入深深的痛苦和困惑中，因为他们不知道小时候乖巧可爱的孩子长大后怎么就变得如此冷漠，成了自己最熟悉的陌生人。

最熟悉的陌生人

孩子小时候跟父母那么亲，他们单纯、善良，无拘无束地说笑、玩闹，甚至不曾出现青春期的叛逆。他们不仅学习好，还感激父母的关心、支持和理解，似乎永远会跟父母心贴心。可长大后，有的却只知享受、占有，觉得父母的付出是自己应得的，根本没有为父母付出的念头，也不在乎父母的感受，甚至冷漠地对待父母。巨大的反差令父母感到寒心、错愕。

我跟踪采访过这样一个家庭：父母是做小生意的，他们有一个儿子。儿子憨厚可爱，人见人爱。父母非常喜欢这个孩子，尤其是妈妈，孩子简直就是她的一切，生活和学习上的照料就不用提了，爸爸自嘲说自己简直就是这个家庭的"二等公民"。孩子学习很好，一直在班级名列前茅。最让父母感到幸福的是孩子跟他们格外亲：他爱跟妈妈聊天，喜欢跟爸爸下棋、玩闹。

然而，自从孩子考入了北京一所名牌大学后，一切都变了。刚开始，还每周跟妈妈视频聊天；慢慢地，孩子的话变得越来越少，每次都是妈妈主动问这问那；最后，孩子只是"哼哈"地应付。放假回家时，他也不再像过去那样跟爸爸说笑了。爸爸逗他开心，他只是勉强笑笑，似乎只是为了给老爸面子。

大学毕业后，孩子在北京找到工作，结婚生子，很快年薪达到了二三十万。不过，他仍心安理得地用父母辛苦攒下的钱买了房，让父母拖着病弱的身体来北京照顾孩子、自己和自己的妻子。每天下班回家，都是妈妈主动问候他，他只是"哼哈"地答应着，没有对父母的问候，对父母在家做了什么、想了什么、身体情况也不关心，即便周末在家休息也是如此。父母跟他说话变得很小心，生怕哪句话没说好惹他不高兴，曾经的亲密早已不见踪迹。

孩子的冷漠让父母寒心，更让他们错愕。一手带大的孩子变得如此陌生，陌生到让父母不敢相信这是自己的孩子。

还有一个家庭，孩子是女孩，她天真、活泼。妈妈从幼儿园、小学到初中，想尽各种办法把孩子往好学校、好培训班送，爸爸则辅导孩子功课，跟孩子交流感受、思想，陪孩子玩闹。女儿不仅学习好，考上了重点高中，而且一直是父母的乖乖女，不曾经历过青春期的叛逆。每年的父亲节、母亲节和父母的生日，女儿总在贺卡上写满了感激的话。

父母为有这样的女儿感到自豪，特别是父亲。当女儿收到一所著名大学的录取通知书时，父亲兴奋得第一次把自己喝得酩酊大醉，一反常态地在亲朋面前絮絮叨叨地炫耀他的宝贝女儿，弄得一桌子人就听他一个人在说，母亲拦都拦不住。

同样，女儿离开父母身边之后就像变了一个人。此前很节省的孩子突然变得大手大脚，买时装、化妆品，做发型，下饭店，一学期的生活费一个多月就用光了。经过爸爸苦口婆心地相劝，孩子虽然也会有一时的懊悔，但仍无法控制自己贪图享乐的欲望。不久，她就找了个家境较好的男朋友来依靠。

起初，爸爸知道女儿有了男朋友很高兴，就请他到家里做客。然而，这个男孩子不仅衣着不得体，而且傲慢无礼地声称他和女儿的事谁都管不着。虽然父亲尊重孩子的恋爱自由，但见到如此道德品质的年轻人，如何放心托付？于是，父亲坚决表示反对。可女儿一意孤行，毕业后仍跟那个男朋友结了婚。父亲气得婚礼都没有参加。现在，父亲已经对女儿伤心透了，删掉了女儿所有的联系方式，只有母亲偶尔跟女儿联系，而女儿一副无所谓的样子,依然我行我素。

类似的情况我在采访中遇到过很多。在这些家庭中,孩子都大了,父母已无能为力;家丑不外扬,他们有苦难言,后悔疏忽了对孩子品质的培养。

好品质不是天生的

心理学研究(Clark & Watson,1995;Kohlberg,1976;Piaget,1965,1972;Rest,1979)表明:好品质不是天生的,需要父母通过艰苦的努力来后天培养。

性格和智力可以遗传,但品质不是天生的。好逸恶劳、趋利避害也是与生俱来的天性的一个方面,需要父母通过后天培养来有效抑制。孩子从小就是自私的。大部分孩子约2岁开始就知道不让别人碰自己的东西。3岁时,只会把自己玩够的玩具、不喜欢吃的饼干送给别的小朋友。从4岁开始知道用交换来得到自己喜欢的东西。他们已经懂得,听话、乖巧会得到爸爸妈妈的表扬和奖励,但他们中的一部分仍不会关心别人,生病的妈妈和墙角的玩具此时在他们眼中没有区别。

7岁之前的孩子满脑子都是他们自己——自己的玩乐,自己的好处,甚至会去占有别人的东西。4岁的哥哥抢走了3岁的妹妹的新玩具,妹妹大哭起来。哥哥知道这是妹妹的玩具,但还是要抢来自己玩。哥哥看到妹妹哭了,会感到一丝不安,但是不会归还玩具。而只有当妹妹的哭声招来了妈妈,妈妈走过来批评他时,他才会归还。可见,促使哥哥归还玩具的是惩罚而不是妹妹的难过。此后,哥哥会因为惧怕惩罚而不再去抢妹妹的玩具。

对于7岁之前的孩子,服从的原因主要是为了逃避惩罚。这时的父母在孩子心中具有绝对的权威,是必须服从的对象。他们会常常围在父母的身前身后,仰着小脑袋,用小眼睛怯生生地观察着父母的脸色变化。父母说什么,他们就信什么;父母教孩子什么是错的,什么是对的,他们都会全盘接受。用"乖不乖"来评价孩子是对父母在这一阶段绝对权威的绝佳证明。"乖"就是好孩子,"不乖"就是坏孩子。而坏孩子就会受到惩罚,会遭到呵斥、冷落,会被要求站到墙角等。

心理学家把这个阶段称为前习俗道德水平阶段(Kohlberg,1964),即孩子基本不具备道德习俗的阶段,实际就是婴儿阶段。如果父母在这一阶段的家庭教育科学得当,对孩子的品质培养进行很好的积累,那么随着孩子年龄的增长,他们的品质成长很快就会出现一个质的飞跃。

因此,7岁之前是父母培养孩子品质的关键阶段。这时,孩子对人、对事物的看法基本取决于父母的教诲,在他们眼中,父母的看法就是事情的对错标准。孩子的是非观念就是在这一阶段养成的,表扬和惩罚就是培养这种观念的最有效手段。

如果孩子抢了别的小朋友的玩具,父母就应让孩子想一想:"如果别的小朋友抢了你的玩具,你会是什么感受?"告诉孩子要归还东西,要道歉。如果孩子拒绝归还,父母就要让他(她)站到墙角冷静冷静以示惩罚。如果孩子归还并道歉了,父母就要表扬孩子勇于承认并积极改正错误。

然而,要抑制孩子好逸恶劳、趋利避害的天性,仅靠说教是远远不够的,甚至父母的榜样力量也收效甚微。最有效的手段是依据前习俗水平阶段孩子的身心发育特点给予适当的训练,让担当和付出成为孩子的习惯。只有让习惯成为品格,孩子才能不再急功近利,只做对自己有利的事情。

从七八岁开始,孩子的道德品质就会进入一个全新的阶段,心理学上叫习俗道德水平阶段(Kohlberg,1964)。这时,前一阶段受到了父母良好教育的孩子有了明显的道德规范意识,他们开始考虑别人的感受,意识到他人的需求,并产生了为别人付出的意愿,出现了关心别人的行为。

有的孩子看到母亲累得仰在沙发上睡着了,会给妈妈拿来小被子盖上;有的孩子看到爸爸下班回家,会给他倒上一杯水;有的孩子吃到好吃的东西时,不再自顾自地吃,而会想着爸爸妈妈,会给他们送过去。

2019年1月5日下午1时许，南昌地铁二号线出现温馨一幕：一个疲惫的父亲趴在一个七八岁的女儿膝上酣睡，女儿轻轻搂着熟睡的父亲。《江南都市报》微博登出了这组图片，题为"暖，南昌地铁上小女孩搂父睡觉令人唏嘘落泪"。

品质成长的停滞

如果父母在前道德习俗水平阶段教育不当，就会出现不良的后果。

这时，孩子渐渐融入社会，父母培养孩子道德品质的难度明显加大。一方面，父母的权威已经开始丧失，孩子不再将父母奉若神明，不再对父母言听计从；另一方面，孩子在外的时间越来越多，老师、同学、朋友，甚至社会公众人物对他们的影响日趋增强。

然而，很多父母并没意识到形势的严峻，他们得过且过，听之任之，有的甚至继续娇惯孩子。孩子七八岁了，他们还在追着喂饭、穿衣；而当孩子再大点儿又开始讲品牌、讲档次时，他们也一味纵容孩子的贪图享乐。

结果，虽然孩子的生理年龄不断增长，但他们的心理年龄却始终停留在第一阶段——婴儿阶段，他们遇事只想着自己的利益，尽量多占便宜，不在乎别人的感受。他们只做对自己有好处的事情，急功近利，不去感念别人曾经给予的帮助。对待父母更是榨取、利用，毫无感恩之心。

在现实生活中，这些人不仅只考虑自己，只图自己方便，不在乎他人的感受，而且还会不顾及公共环境和秩序，如在公园里折枝摘花，随地吐痰，在公共场所大声喧哗、不排队、不遵守交通规则，更有甚者，甚至随地大小便。

孩子的品质不是天生的。如果父母对此没有正确的认识，孩子品质成长的停滞及其带来的不良后果就是难以避免的。

二、孝顺会遗传吗？

很多父母认为，只要自己孝敬老人，树立个好榜样，孩子自然有样学样，将来也会孝敬自己的。然而，没有品质培养，辈辈孝、代代传只能是一厢情愿。

一位 60 来岁的退休中学教师跟我讲述了他的沮丧和困惑。他兄妹三人，自己是长子，幼年父亲早逝，母亲五年前也过世了，妻子已退休，他们育有一子，儿子已参加工作。

孝顺的夫妻

他说，自己从小就非常顾家、孝顺。那时家境不好，靠母亲一人做环卫工作的微薄收入维持生计，自己是家里的主要帮手，做饭、洗碗、收拾屋子等几乎所有的家务活都是他在做。那时，家里还养了几只母鸡，他每天放学后都要剁一堆烂白菜帮子，再撒上一些糠来喂鸡。

婚后，他更加孝敬母亲。他让母亲跟他一起生活，觉得老人家辛苦了大半辈子，该好好享享福了。他对母亲百依百顺，即便有时觉得母亲说得不对，也只是笑笑。妻子对老人也很孝顺。母亲的衣服、鞋袜，里里外外几乎都是他们给买的，而且只要是他们在家，就从不让母亲做任何家务。他们时常带母亲下饭店，带她到附近景点旅游。没事的时候，夫妻俩还常陪着母亲聊天。

他对弟弟、妹妹也非常关心，帮弟弟准备高考，资助妹妹买房。他觉得在一个大家庭中，自己是长子，有责任照顾弟妹；照顾弟妹也是减少母亲对他们的操心和牵挂，也是尽孝。

后来，母亲年龄越来越大，身体越来越不好。每次住院，主要都是他们夫妻跑前跑后、床前护理。他经常在病床前拉着母亲的手陪她聊天，邻床的病友都夸这个儿子孝顺。夫妻俩就是这样关心、照顾着母亲，直至她离世。

作为儿子，他自认为绝对是个孝子；作为父亲，他认为自己给儿子树立了一个好榜样。

冷漠的儿子

儿子小阳从小就憨厚、可爱，是全家的开心果。夫妻俩对小阳学习和生活上的支持可以说是不遗余力：送他上各种兴趣班、培训班，变着法地给他补充各种营养，从不让他干家务活。奶奶更是疼爱这个大孙子，不仅把儿子、儿媳给她买的东西留给小阳，自己也总给小阳买东西，从小食品、文具，到衣服和鞋。

小阳很争气，一路就读于重点初中、高中，最后考入了南京一所名牌大学。大学四年，小阳没做任何勤工俭学，完全依靠父母的资助。

现在，老母亲已经过世了，夫妻俩想等小阳一毕业，无论在哪儿找到工作都跟过去，孩子在哪儿，哪儿就是家嘛。小阳很争气，毕业后成功留在了南京一家国企工作。

然而，意外情况出现了。夫妻俩几次跟小阳说："你毕业已经留在了南京，我们在这边也没有什么好牵挂的。我们打算卖掉这边的房子，帮你付首付款，在南京买个房，我们也搬过去一起住。如果你结婚了，想独立生活，我们也可以在外边租个房子，反正我们有退休金，不会给你添麻烦，还可以就近照顾你。"但小阳总是默不作声。

看到儿子没反应，夫妻俩索性直接坐火车来到南京。那是他们第一次去南京，他们早早地就告诉了小阳火车到站时间。然而，兴冲冲的夫妻俩下了火车，出了站台，却迟迟不见小阳的身影。电话打了一遍又一遍，就是打不通；想直接去找小阳，又担心孩子来接扑了个空。就这样，他们在火车站足足折腾了两小时。终于，电话打通了，小阳告诉他们自己正在开会，走不开。然后简单地说了句让他们自己过来吧，就挂了电话。

夫妻俩只好拖着大包小包的行李，费尽周折地赶到儿子所在的单位。终于，小阳出现了，却只是对千里迢迢赶来的父母笑了笑，没有问候，也没有歉意，就直接带他们回自己的住处了。

夫妻俩在南京停留的半个月里，每天用自己的钱买菜，还要给小阳做饭、收拾房间，甚至请小阳出去吃饭。而小阳对于父母买的任何东西，仍是习惯性地接受，就像童年时一样——饭来张口、衣来伸手。

小阳虽然已经工作了，却没有带父母出去吃过一顿饭，没有给他们买过一件礼物，特别是他自始至终没有表现出一点儿希望他们留下的态度。最后，这对夫妻不得不困惑而无奈地回了老家。

一晃五年过去，小阳有女朋友了，也在南京买了房子，是夫妻俩帮助付的首付。然而，小阳就是不提让他们过去一起生活的事儿，夫妻俩也不再提了，他们也没再去过南京。他们还是常常给小阳打电话，还跟他聊家常，虽然心里装满了苦涩、无奈。他们无意介入小两口的个人空间，只是希望一家人能够生活在同一个城市里，自己能常常见到孩子，彼此也有个照应。夫妻俩怎么也不明白，究竟是哪里出了问题，才让孩子变成今天这样。

丈夫性格大度随和，妻子文静勤快，他们绝不是咄咄逼人地要求孩子做这做那的那种父母。他们不知道自己错在了哪里，想不通孩子怎么会变成这样。丈夫说，自己和妻子这么爱孩子，对老人也是非常孝顺。他们怎么也想不通，自己的孩子怎么会不像自己呢？人们不是说辈辈孝、代代传吗？

类似的苦恼和困惑在采访中并不少见。父母的榜样已经做得很好了，可孩子就是不知感恩。

难道他们不知道有感恩和孝道吗？显然不可能。近20年来，感恩和孝道的宣传可以说是铺天盖地，不仅出现在国内所有大中小学课堂，而且频繁出现在影视作品、电视节目、书刊中，甚至是街道的围墙上。孩子整天浸泡在这样的文化氛围之中，不知道需要向父母表达感恩或对父母尽孝是不可能的。

那么，为什么父母的榜样力量在感恩和孝道上如此无力呢？

榜样的无力

我们都知道"有其父必有其子"这句话，它不仅说明了遗传因素对一个人性格的影响，而且在很大程度上，父母的言谈举止对孩子的行为方式也有巨大的潜移默化作用。这些从遗传学和行为心理学（Bandura，1971，1986）中都得到了证实。英国心理学教授琼·奥格登（Ogden，2007）还指出，孩子在饮食习惯上都会有父母的烙印。可以说，父母对孩子的影响几乎无处不在，父母的言行对于子女形成良好的行为规范具有重要的意义。

因此，很多父母认为，只要全身心地为孩子付出，并善待自己的父母，给孩子树立个好榜样，孩子受到潜移默化的影响，自然就会懂得付出，懂得善待父母。

然而，榜样也有无力的时候——那就是当它遇到了"付出"时。

美国心理学家柯尔伯格博士（Kohlberg，1976）认为，由于个人利益牵涉其中，道德知识和道德行为之间没有必然的联系。也就是说，一个人知道道德原则，与他能按照道德原则去做是两回事。

亚里士多德指出，人类美德的培养是一个痛苦的过程，因为它需要付出、奉献，甚至牺牲，而这与人类好逸恶劳、趋利避害的本性相冲突（Curzer，2002）。因此，要培养一个人付出的美德，必须要抑制他好逸恶劳、贪图享乐的本性。

关心、照顾父母需要付出时间、精力甚至金钱。这种付出需要牺牲孩子的个人利益，这对于那些以自我为中心、从小没有培养过付出习惯的孩子来说是一种痛苦、一种伤害。这就是孩子往往容易模仿父母那些不伤害自己利益的言谈举止，而不愿意模仿父母的付出的原因。

相信小阳心里应该很清楚这些年来父母对他的关心和奉献，也不能说没有看到父母孝顺奶奶。但是，当保护自身利益和为父母付出两者之间发生冲突的时候，他选择了不付出，选择了远离麻烦，选择了漠视和无动于衷。

当然，这绝不是说父母的榜样力量毫无意义。只是无论父母的榜样做得多好，只要他们在孩子的成长过程中，疏忽了抑制孩子天性中好逸恶劳、贪图享乐的一面，就很可能出现"辈辈孝"无法"代代传"的情况。

三、长大就好了吗？

不仅好的品质不是天生的，是需要后天培养的，坏的品质更需要家长及时制止、及时消除。然而，有的家长仍想着孩子还小，长大就好了。

2017年，我和妻子在意大利罗马找民宿，其中一家当时母子两人在家，男孩有三四岁的样子。我们刚坐下，男孩就冲过来，对我当胸一拳。打完后，他就迅速撤到离我约两米远处，漠然又警觉地观察着我的反应。这一拳头铆足了劲，我猝不及防，胸口很痛。

我非常生气，厉声质问："你为什么打我？"但是男孩只是冷冷地看着我。我转向他的妈妈，问道："你家孩子为什么打我？我跟他没说过一句话，更没碰过他（实际上，我进门还不超过五分钟，孩子在我面前还走过一两次，我根本就没在意他），他上来就给我一拳。"

出乎我意料的是，他的妈妈同样表情漠然，只是淡淡地说了声"孩子就这样"。看我没有回应，又轻飘飘地补上一句"对不起了"。她并没有让孩子道歉，她的道歉想必也是看在即将到手的生意上。孩子像没事一样，挑衅似的看了我一眼，转身离开了。

"孩子就这样"，孩子怎么会"就这样"呢？难道跟父母没有任何关系吗？不是由于父母不以身作则树立好的榜样，不是由于父母纵容孩子的劣行，孩子会这样吗？

相信我们每个人在生活中都遇到过这样的孩子：在电影院，他们在后面踢椅背；在饭店里打闹，拉拽陈列柜；到别人家里，四处乱窜，翻弄人家的东西；等等。

他们自私任性，看到好东西就要得到，看不顺眼就要打，根本不在意他人的感受和自己的行为给他人造成的伤害。

这些孩子的背后，一定是既不负责任又不懂教育的家长。

"熊父母"

"熊父母"就是那种本身很任性、霸道的父母，他们与人相处时就争强好胜，事事都喜欢压制别人。他们偏袒自己的孩子。孩子伤害到别人时，"熊父母"不但不以为意，而且抱怨别人不该为这么点儿事闹这么大动静，指责别人小气，甚至还会倒打一耙。

对于自己孩子的任性、霸道，这些"熊父母"有着一套自己的逻辑："这是让孩子发挥天性。""他只是孩子，哪个大人跟小孩子一般见识？""孩子还小，现在没什么，长大以后就好啦。"

他们在意的只是自己的孩子不能吃亏，至于孩子是否伤害到了别人，给对方造成了多大的伤痛，则跟他们没有关系，他们不在乎，甚至有的看到别人痛苦还会幸灾乐祸。而父母的护短自然会助长孩子的行为，他们会更加有恃无恐，甚至到了自私、无情、残忍的地步。

这些"熊父母"貌似保护了自己的孩子，实际上却为自己埋下了祸根，在"熊父母"有能力、有权威时，孩子还会与父母相安无事。一旦父母年老体衰、权威不再，这些孩子就会将自私冷漠、蛮横无理的本性发泄到父母身上。他们不仅不会回报、感恩父母，而且会无所顾忌地压榨、盘剥，甚至谩骂、殴打父母。由于生活在一起，彼此频繁接触，"熊父母"所受到的伤害无疑将是最严重的。

疏忽了对孩子的管束教育，父母不仅会害了孩子，还终将自食其果。

"羊父母"

与"熊父母"形成鲜明对比的是"羊父母"。他们往往性格比较软弱，经不起孩子的哭闹任性，一味妥协忍让，认为只要孩子开心就好。虽然有时也会责怪一下，可是一旦孩子吵闹起来或不理他们，他们就又去哄甚至去求孩子。自然，孩子的脾气变得越来越大，甚至会对父母拳脚相加。

我在网上看过这样的视频：七八岁的男孩，只是因为妈妈不同意买玩具，就在大庭广众之下使劲地揪扯妈妈的头发，使劲掐妈妈的脖子；十来岁的女孩逼着妈妈买昂贵的手机，妈妈竟然给自己的女儿跪下了，哀求女儿换便宜的；十一二岁的孩子由于妈妈不让玩手机，会飞脚踹向妈妈。

这些妈妈觉得"孩子还小，开心就好"，也许还认为"放手"是给孩子自由成长的空间。

有些父母幻想着将来有一天，孩子或者是经历了什么事，或者是结了婚，再或者是有了自己的孩子，会突然之间变得懂事或是对自己以往所做的错事幡然悔悟。

然而，这些显然只是他们的一厢情愿。

我记得以前采访过一个孩子的姥姥。孩子一出生，爸爸妈妈就把他丢给了姥姥，说是要去海南打拼。结果孩子一直由姥姥带，直到上了初中。一晃十多年过去了，这小两口不仅不感恩她帮忙带孩子，而且总是打电话向老太太要钱。

直到有一天，老太太忍无可忍，在电话中说了重话，女儿、女婿才不再向她要钱了。

老太太感叹："他们都是独生子女，小的时候被惯坏了。我有责任。"

这样客客气气地向父母伸手要钱的倒还容易制止，那些偷偷变卖父母的家产，甚至打骂爹娘的情况也时有发生。

神经生物学研究发现，一个人童年和青少年时的习惯会一直延续到他（她）的成年生活（Donoghue & Horvath, 2016; Heckman, 2011; Nelson, Kendall, Shields, 2014; Vandenbroeck et al., 2017）。中国俗语"三岁看大，七岁看老"也是同样的意思。

"顺其自然"或"放手"观念的错误根源就在于它忽视了品质

发展的基本规律：那就是要抑制人好逸恶劳的天性。忽视孩子的不良行为，得过且过，总以为长大就会好了，将一切问题都往后推，幼儿园、小学、中学、大学、工作、结婚、生子，实际上只是自欺欺人。到了孩子问题成堆，变得自私、冷漠，甚至训斥、盘剥父母时，一切都为时已晚，父母只能打碎了牙往肚子里咽。

瑞士心理学家让·皮亚杰（Piaget，1965）和美国心理学家柯尔伯格（Kohlberg，1976）认为，孩子天生都是自私的或以自我为中心的，需要后天约束和培养才能理解别人、关心别人，才能为别人付出、奉献。而有些父母完全忽视了这方面的培养。

因此，"孩子还小，长大就好了"不过是一厢情愿或自欺欺人的幻想，随心所欲的成长只能让孩子变得愈发唯我独尊、任性专横。

四、爱的回报

美国心理学家斯科特·派克(Peck，2008)指出，人们对爱的理解存在两大误区：一是认为爱是依赖；二是认为爱是愿望。很多家长不仅对父母之爱存在误解，而且对子女的感恩也存在误读，这就导致他们把孩子对自己的依赖和许下的愿望当成了爱的回报。下面就谈一谈这两大误区，揭示回报的本质。

爱不是依赖

好逸恶劳是人的天性的一个方面，成长就是要抑制住这个方面，意味着把责任放在享乐之前。而依赖则是把责任推给别人(父母)，把享乐留给自己。

小的时候，孩子围在父母身前身后，他们乖巧、听话。跟爸爸妈妈一起玩闹，给他们带来了很多快乐和温暖。但这些是需要，是汲取，是依赖而不是爱。然而，有的父母却把孩子对自己的依赖当作对自己的珍视，当作爱。

诚然，父母与年幼子女的相互依赖本身有双方的情感联结，然而，一旦超越底线，将依赖完全等同于爱，就会对孩子的成长和未来产生不可估量的伤害。长期依赖父母会让孩子形成心理学上称为"被动依赖人格失调"的性格倾向，具有这种性格倾向的女孩居多。她们急切地渴望被爱，像饥饿的人疯狂地寻找食物一样。她们内心好像有个无底洞，渴望被填满，却又永远无法填满。她们人生的价值就是被关心、被爱。

被这种性格倾向影响的人，往往无法忍受孤独、寂寞。他们没有自我身份的认同，其身份只能通过与他人的关系才能得以确认。他们贪图眼前的快乐，不自律、缺乏责任感，无法忍受孤独，只考虑自己的安逸。当他们不得不离开时，会表现得非常沮丧痛苦，感觉像到了世界末日一样；这时，他们会非常急于找到新的依靠，甚至会"饥不择食"。而一旦找到新的依靠，他们马上就会把前一刻的痛苦彻底抛在脑后，好像旧的依靠根本不存在似的。

呈现出这种"被动依赖人格失调"特征的孩子往往来自溺爱的家庭。在这样的家庭中，父母往往过于宠爱孩子，自己舍不得吃、舍不得穿，不仅把好东西都留给孩子，而且还舍不得让孩子干活、吃苦，包办孩子的生活，最终导致孩子完全依赖于父母生活。如果是单亲父母，那么情形可能更为糟糕。

具有这样性格倾向的人不仅与父母的关系如此，而且跟配偶的关系也动荡不定。因为一方面，他们时刻需要陪伴，需要被关心爱护。另一方面，他们不断索取，每天纠缠着对方，叫着"我这么爱你，我怎么能忍受与你分开"。渐渐地，对方会感觉完全被窒息、被套牢了。结果，剧烈的冲突不可避免，原本亲密的关系也会在冲突中破裂。

他们的爱包含付出，但他们付出的目的是巩固这种依赖关系，以便持续地索取关心和爱。即使分手令他们一时感到痛苦，但他们会很快寻找到下一个目标，进入下一段感情，然后将前面的痛苦忘得干干净净。如此周而复始，循环往复。

成长意味着独立和责任。父母让孩子习惯于事事依赖自己，无论对父母本人，还是对孩子未来的婚姻生活而言，都是有很大危害的。

爱不只是愿望

爱不仅不是依赖，还不只是愿望。美国教育家黛博拉·韦尔斯（Deborah Willis）认为："爱是行动，不是感觉。爱是去做、去倾听、去看望、去陪伴。"也就是说，无论你多么想、如何说爱别人，只要没有行动，就都不是爱。

孩子小的时候，可爱乖巧不是爱，但看到爸妈进屋给拿拖鞋，看到爸妈瞌睡给盖上毯子就是爱。孩子长成少年时，给爸妈的生日贺卡写上"永远感谢您"或宣称以后挣钱给他们买大房子这类爱的表达仍停留在愿望阶段，而分担家务、给父母做饭则能够超越愿望，成为爱的行动。成年后，给妈妈买件衣服或生日蛋糕未必不能说是爱，但经常去看望、去倾听、去陪伴父母，以及在父母生病时的照料更是年迈父母需要的爱。

爱是付出，需要努力，而非不费力气。[①] 爱不是孩子对父母的自我感觉——一个人在自己身上找到爱的感受并不难，难的是付出爱的行动，因为付出行动是艰难和痛苦的。

准确地讲，爱应该不只是愿望，还是带有愿望的行动。即使行动可能很少，但绝不能无动于衷。爱是看到父母病痛时，不会佯装不知，而是马上出门买药；是看到父母焦虑时，不会仍沉迷于游戏，而是来到他们身边坐下，问问自己能够帮到什么。孩子在外边吃到一个好吃的烤饼时给妈妈带回一个，远比只会给她买一个三层生日蛋糕更有价值。

总之，父母要清楚，孩子回报爱的方式既不是依赖，也不是愿望，而是行动。要想得到孩子爱的回报，父母不仅应该从小就培养孩子独立，还要培养孩子的同理心和家庭责任感，要用心培养孩子付出的习惯，将爱的行动培养成他们的习惯。

[①] Love is not effortless. To the contrary, love is effortful (Peck, 2008).

五、感同身受

相信很多人在饭店、电影院、候车室等公共场所都遇到过这样的情况：孩子们相互追逐，嬉笑打闹，而孩子的父母看起来若无其事，其他人的就餐、观影或等车休息似乎与他们无关。如果你上前制止，那么可能还会引起这些父母的不满甚至指责："你这么大人了，怎么跟孩子一般见识！"

父母和孩子出现这种行为说明他们缺乏感同身受的能力，其根源就是缺乏同理心。

同理心

同理心是一种设身处地理解、体谅别人感受的能力，也就是"感同身受""换位思考"或"将心比心"的能力。同理心也叫"共情能力"或"移情能力"。但同理心不等同于同情心，同情心是居高临下地理解别人，而非平等地体谅对方的境遇。

生活中缺乏同理心的人往往有这些表现：走路撞到人毫不在意，在公共场所大声喧哗，排队加塞，开车不给斑马线上的行人让路，等等。他们要求别人理解、体谅自己，却根本不在意别人的感受。

心理学将同理心视为人类最美好的情感之一，认为它是善良的主要成分，是快乐、感恩、信任等积极情感的根基。具有同理心的人乐于助人，待人友善、公正。

美国杜克大学和宾夕法尼亚州立大学共同做过一项历时20年的调研，学者们通过跟踪研究750多个孩子的成长轨迹后发现：同理心能够帮助孩子学得更好，与同学和老师相处得更融洽。可见，有同理心的人会理解、包容他人，他们自己也会生活得更快乐，他们的事业更容易成功。

瑞士心理学家让·皮亚杰和美国心理学家劳伦斯·科尔伯格认为，同理心不是天生的，是需要后天培养的。

言传身教

要培养孩子的同理心，父母首先要具备同理心。孩子没有较强的分辨能力，父母的言行对孩子的影响非常大。只有父母理解体谅别人、尊重别人，孩子才会体谅、尊重别人。孩子一直在观察着父母的一言一行，父母必须做个好榜样。

在饭店、电影院、火车站、飞机场等公共场所，父母首先要做到自己不大声喧哗、文明礼让，看到孩子到处乱跑、大声嬉闹，他们会加以制止，告诉孩子，喧闹会影响别人就餐、观影、交谈或休息，是不礼貌的，人家会反感、生气。"换了你，别人在旁边大吵大闹，你会高兴吗？"

如果父母没有同理心，孩子自然就会缺失这一品质。在饭店里，如果父亲对服务员呼来唤去，那么孩子也会跟着大呼小叫。没有同理心的孩子不会理解、体谅别人，同样也不会理解和体谅父母，忽视培养孩子同理心的父母早晚将自食其果。

父母应该在生活细节中锻炼孩子感同身受的能力，注意纠正孩子不妥当的行为。在孩子得到别人的帮助后，要求他们表达感谢就是很好的训练起点。

表达感谢

体谅总能给人带来一种温暖的感觉。进出门时，前面的人会为你扶门。别人不小心只是轻轻碰到你，马上就会说"对不起"。与别人在小路上迎面相遇，他却主动侧身让你先过。到商场买东西，付完款刚要说"谢谢"，对方却抢先一步说"谢谢"；自己没买东西，对方仍说"谢谢惠顾"。去政府部门办事，人家帮我处理完，我说谢谢他，他说不客气。

感谢表面上看只是文明礼貌,但实际是一种感同身受的能力。

感同身受不仅体现在社交礼仪上,接受礼物也同样如此。将心比心,如果自己给别人准备了一件礼物,自然希望对方珍惜并表达谢意。如果对方无动于衷,甚至不屑一顾,是不是自己会感到很失望呢?

一句"谢谢"无关你是否喜欢别人的礼物。奶奶给孙子买了一双球鞋,孙子即便不喜欢,也要说声"谢谢"。因为奶奶并不十分了解年轻人的喜好,也不太了解球鞋的潮流,但这双鞋寄托了奶奶对孙子的感情。如果孙子反应冷淡,甚至埋怨奶奶没有眼光,就会让奶奶很伤心。

需要注意的是,这里要感谢的是对方在准备礼物时所投入的心思、时间和金钱,而金钱应该最后一个考量,这就是"礼轻情意重"的道理。一味看重礼物的价格,会使孩子变得虚荣、攀比,让感情变质。

表达感谢要把握三个要素:真诚、适当地称呼对方和表达自己对礼物的感受。如可以说"谢谢奶奶,这双球鞋正好用于打球"。

训练孩子说"谢谢"最好的场所就是自己家里。父母要总是对每件小事表达谢意。爸爸把刚洗的衣服拿出去晾了,妈妈说声"谢谢";妈妈给爸爸倒杯水,爸爸说句"谢谢"。妈妈做好饭菜,爸爸、孩子要说"谢谢",感谢妈妈的辛苦,如果饭菜很香就更要夸了。让孩子帮忙分担家务,父母也要对孩子说"谢谢"。

在外边,父母也要训练孩子说"谢谢"。在饭店吃饭,要对服务员说"谢谢";在学校下了课,要对老师道谢;去超市和营业员说"谢谢";下飞机对空乘人员说"谢谢"。

刚开始,也许只是机械性地重复,但渐渐地孩子就会理解"谢谢"的含义。这种从被迫到自觉再到自愿是一个美妙的过程,它能彻底改变人的思维方式,这被美国心理学家约翰·鲍尔比称为"正向强化"。

培养孩子的同理心,说"谢谢"是一个非常好的起点,用以表达自己珍惜对方的努力,感谢对方的付出。同样,"请""对不起"等体谅对方的语言和行为也能够培养孩子的同理心,即感同身受的能力。

六、分享背后

很多家长害怕独生子女吃独食，会对孩子进行分享训练。家里有好吃的，叫孩子一定要先让让家里的长辈，然后自己再吃。结果是大人们舍不得吃，孩子往往只简单地客气一下，就自己独享了。

鉴于这种情况，有些家长开始担心，这不是把"分享"训练变成"虚情假意"训练了吗？长此以往，要是孩子分享没学会，人反倒变得虚伪起来，这可怎么办？于是，索性就自己吃一点儿，结果不但孩子不高兴，而且招来了其他家人的埋怨。这让家长左右为难。

从家庭到课堂

2014年，上海一些幼儿园和小学将分享训练搬进了课堂。老师要求孩子们自己准备一个小礼物来与其他小朋友交换，或者带一件玩具跟其他小朋友一起玩。刚开始的时候，孩子只是把礼物送给身边的小朋友，但是很快就变成了芭比娃娃交换泰迪熊、玩具汽车交换玩具汽车，而不是芭比娃娃换大头贴、玩具汽车换一支铅笔。孩子们很自然地就会选择跟自己的礼物价值相当并感兴趣的东西来交换。分享玩具也是一样，孩子很快就只跟那些玩具好又喜欢交换的小朋友一起玩。

孩子虽小，但很清楚交换玩具不是白白赠送，而是"礼尚往来"。他们是不会用芭比娃娃和玩具汽车去换大头贴和铅笔的，也不会跟用它们来换芭比娃娃和玩具汽车的孩子交朋友。诚然，这是人际交往的黄金法则——互惠定律，也是人性本能，孩子无师自通，但它也意味着这样的"分享训练"容易停留在等价交换层面。

同理心才是关键

分享训练本身就不是克服孩子吃独食、自私自我的秘方，不能"头痛医头，脚痛医脚"。比如，家里只有一瓶饮料，孩子独享没有任何问题，只需让孩子礼貌地问问爸妈即可。爸妈选择将饮料留给孩子，正说明了父母之爱的伟大。这不是吃独食的问题。但如果冰箱里有三瓶饮料，而孩子却哭喊着都是自己的，一人把着，谁都不让动，这才是吃独食的问题。

这种吃独食本质上不是孩子该不该分享，而是孩子为什么会把家里的东西视为自己独有。如果孩子把家里的东西视为自己的，那么将来孩子会不会把父母的财产也视为己有呢？

如果孩子长大后真的形成了这样的观念，那父母使用、处理自己的财产，是不是还需要孩子的点头许可呢？可见，吃独食看似事小，但后果很严重，而分享训练并未抓住问题的症结。

问题的症结就在于孩子没有体谅、关心别人的意识，即缺乏同理心。孩子只有能够体谅父母上班工作、操持家务和照顾他们的辛苦，才会关心父母，才会心甘情愿地与父母分享好吃的东西，甚至自己可以不吃，让给父母。

而同理心不是与生俱来的，是需要父母进行耐心培养的。

培养同理心的前提和方法前面已经讲了一些，这里只强调一下分担家务的价值，因为分担家务的价值再怎么强调都不为过。

分担家务可以让孩子自己清楚，作为家庭的成员，在享受父母给予的家庭温暖和爱护的同时，也要尽己所能地为家庭做贡献，分担家庭责任。简单地说，就是先让孩子收拾自己的房间，然后帮助爸爸妈妈做些适当的家务。孩子只有通过做家务，在劳动中感受辛苦，才能切身感受父母的付出，才能真正体谅父母、感恩父母（详见随后两章，特别是"天然工具"一章）。

因此，培养孩子体谅、关心家人，关键在于培养孩子的同理心。如果孩子具备了感同身受的能力，那么父母无需提醒或要求，孩子就会惦记家人，愿意为家人奉献。而培养孩子的同理心，关键在于要求孩子分担家务。

忘掉分享训练，从今天开始让孩子分担家务吧！

七、房间里的智慧

床上凌乱的被子，地上乱丢的脏衣服、袜子，桌子上胡乱堆放的书本、试卷、各种笔尺……您孩子的房间是这样的吗？

很多家长认为孩子做家务是浪费时间，会影响孩子的学习。他们不仅不让孩子碰家务，而且连打扫孩子的房间也代劳了。

父母的大包大揽看似在帮孩子，实际则错失了一条绝好的培养孩子责任感和独立意识的途径。殊不知，孩子的房间里充满了育儿的智慧。

女儿的房间

我的女儿6岁时开始有自己的房间。有了自己的床、立柜、书桌，女儿别提有多高兴了。妈妈把床铺好，把她的衣服放进立柜，她不亦乐乎地忙着把玩具和童话故事书放进不同的抽屉里，在桌面上摆弄着台灯、文具架、文具，以及各种漂亮图案的粘贴画。

有了自己的生活空间，她就不得不面对相应的责任。我和她的妈妈要求她保持书桌整洁，地上不可以有纸片。每天早上检查，如果书桌不整洁，地上有纸片，就必须先打扫，完成清扫后才能吃早饭。慢慢地，我们又要求她自己叠被。再后来，是拖地板、打扫房间。我们家每周六进行一次大扫除。

起初，孩子没当回事。一大早，跑到我们的床上一顿疯闹之后，就想吃饭了。这时，我平静地提醒她："你是不是有什么事情忘做了？"她先是一怔，但很快明白了我的意思。很不情愿地回到自己的房间，磨磨蹭蹭地做着。而我就站在门口等着，直到她把该做的事情做好。

有一阵子她常抱怨，说收拾好了，还会弄乱弄脏，何必呢？家里也没客人来。她有时前一晚乱放书本，早晨就找不到了。我就站在门口看着她自己气急败坏地四处寻找，绝不帮忙。找不到就找不到，吃饭、上学晚就晚了，她必须为自己的乱丢乱放付出代价。她有时还会抱怨说，别的小朋友都不用收拾自己的房间，就我们家这样。

我跟她讲，舒适整洁的家让人心情愉快，做事有条理；而房间乱糟糟、脏兮兮的，会让人感觉压抑。她似懂非懂，仍嫌麻烦，觉得多此一举。显然，在这个阶段，说教基本没太大意义，立规矩就靠"你必须做"。

不知不觉中，女儿慢慢习惯了，开始无需提示、监督，自己主动收拾房间了。上初中时，女儿偶尔从同学家回来，会跟我说这个或那个同学也太懒了，把自己打扮得漂漂亮亮的，家里却一团糟。我知道，她已经为自己的好习惯感到自豪了。再后来，有一天回家她告诉我说，她发现在她们班里，那些家里收拾得井井有条的同学，好像学习都挺好，说话也靠谱。

孩子房间里的智慧

女儿的感悟没有错，孩子自己的房间里充满了育儿智慧。

首先，让孩子打扫整理自己的房间，是培养他们对自己负责的第一步。

打扫整理一个又脏又乱的房间，而且每天几乎做同样的事情（当然，养成习惯后就不会像最初那么脏乱了），需要孩子抑制自己打游戏、看手机、到外面玩的欲望，克服自己的懒惰、疲惫，还需要付出一定的时间和辛苦。而抑制好逸恶劳，养成付出习惯正是培养责任感的核心。

培养孩子对自己负责很重要。如果一个人连自己的事情都不愿意承担责任、不愿付出，那么他（她）如何去为别人付出，如何去感恩父母？如果父母包办了孩子的房间，也就剥夺了孩子培养自我责任意识的机会。

其次，收拾房间是培养孩子整理、规划能力的过程。将房间打扫干净，将不同的课本、练习册、文具等放在适当的位置，将它们安排得井井有条的过程，就是在培养孩子的规划能力和做事效率。

最后，收拾房间还有利于孩子的身心健康，增强家庭归属感。研究发现（Tolin, Frost, Steketee, & Fitch, 2008），房间干净整洁的人往往性情平和、乐观，人际关系更好，家庭成员之间关系更好。而房间杂乱的人常常思维不连贯，情绪不稳（表现为易怒、易烦闷、焦虑），做事更可能拖沓，更爱看电视，更喜欢吃垃圾食品，易神经质。此外，杂乱的房间还会降低人的家庭归属感。哈佛商学院的一项研究显示，那些在学校将课桌收拾齐整的孩子，学习成绩大都名列前茅。这也验证了我女儿的感悟是正确的。

收拾房间的策略

培养孩子收拾自己的房间，父母要讲究策略。

自然先要考虑孩子的年龄、身体和心理发育情况，让孩子做力所能及的事。

我家就是先让女儿把书桌上的书、纸、笔摆放整齐；她长大一点之后，开始训练叠被、把衣服摆放整齐；再大一点，开始让她拖地板、打扫房间；等等，循序渐进。孩子在小学二年级，基本上就可以把自己的房间收拾得很像样了。

其次，父母的指导是必需的。收拾书桌、叠被子等，父母要示范给孩子看。不必追求完美，孩子只要天天做，就会熟能生巧。

还有，父母的耐心和鼓励非常重要。不管孩子初做时看起来多么笨拙、多么可怜，千万要沉住气，不要不耐烦，也不要不忍心，要坚持让他们自己去做，不要接过来。而对孩子每一点进步，都要肯定、鼓励。要表扬孩子"你真能干""你长大了""你进步了"。

最后，父母要做好孩子的榜样。如果父母自己的卧室被子不叠，客厅乱七八糟，鞋子胡乱堆在门口，就很难让孩子把他的房间收拾得干净整洁。父母只有把家里弄得干净整洁，才有资格要求孩子。

总之，让孩子清洁整理自己的房间，不仅可以培养他们对自己的责任感，而且还可以增强他们的规划能力、身心健康、家庭归属感等。这些对孩子的学习、生活和未来的工作都具有重要意义。

孩子的小房间里有着育人的大智慧！

八、天然工具

让孩子收拾整理自己的房间，是培养他们对自己的责任感，而要培养他们的感恩之心，还需要培养他们对家庭的责任感，将为父母付出培养成他们的习惯。

说到感恩之心，我就有些急不可耐地想跟读者分享一个令我感到无比震撼的采访经历。

那是一个夏日的午后，我借用市里一所中学的办公室采访学生家长。几乎所有的家长接受采访后，都会随即向我咨询一下教育孩子的方法，只有一位母亲例外。

她，四十来岁，相貌平平，头发有些凌乱，个头不高，具体穿什么样的衣服已记不清了，只记得非常简朴。她走进来的时候并没有引起我特别的注意，但是一开口，那透着一丝骄傲的自信令她判若两人。

她直言不讳地告诉我，自己是初中文化水平，在农贸市场经营一个很小的个体蔬菜摊位；孩子的爸爸也只读完小学，给人开大货车跑长途。他们俩童年时都父母双亡，都早早地为生计奔波，生活一直非常艰辛。似乎幸运之神从未眷顾过他们，除了他们的儿子晓峰。

她的儿子晓峰那年14岁，读八年级。4岁时，他们就不得不把他单独留在家里。6岁时，用她的话说："这个孩子就已经能够自己洗衣、做饭、刷碗、擦地，那小行李收拾得规规矩矩的！"

"他爸爸常跑外地，我要凌晨1点到蔬菜批发市场批发货物。我晓峰（独特的称呼透着母亲的自豪感）早上自己定点起床，学习、预习功课，然后能把早饭做好。我回家后和他一起吃早饭，吃完早饭，我上班。他收拾，再学习一会儿，锁门上学去。"她说。

"晓峰的学习情况怎么样?"我问。

"我的晓峰学习好,考第一的时候比较多!我们让晓峰只能看新闻,我们也不看电视。我的晓峰学习非常自觉,回家就是学习。他让我最佩服的是每天早上很早就准时起床了。一个成人能做到吗?晚上,孩子学到10点、11点,甚至最晚的时候,孩子自己看书能够看到12点,第二天又准时起床——大人都受不了!"她的语气和神态满是自豪。

"那你给不给孩子做些小灶,补充营养?"我又问。

"不。我们家一律平等,做啥吃啥,买啥吃啥!我不给他零花钱。一周就40块钱饭费(午饭)。喝的水是自己家烧的,带上瓶子喝。衣服就是校服,我也没给他买手机,孩子也没要过。"她答得干净利落。

"你觉得晓峰跟你们的感情怎么样?"我接着问。

她似乎有些掩饰不住内心的激动:"在家我做了什么好吃的,我就说:'晓峰,就这点儿东西,你就自己吃吧,妈妈不吃了。'晓峰说那是绝对不行的!有一次,他在补课的时候买了一个肉饼,觉得好吃,就又买了一个带回家,说:'妈妈,我今天吃的肉饼非常好吃,我给你带回一个,你也尝尝吧。'昨天他跟我说:'我看到外面所有的家长都穿得很好,妈妈,你也上街买点衣服吧!'还关心我这件事!他爸爸几天不回家,他会打电话问爸爸,你在哪儿啊?身体怎么样啊?别喝酒啊!"

"有时候,我到他那屋唠叨两句。他说:'妈妈,你去该忙啥忙啥,你忙完了,再过来。'意思是告诉我:'我已经长大了,有些事情你不用告诉我了。'我问:'你是不是现在有点(厌)烦妈妈了?'他说:'妈妈,不是!你工作很辛苦了,不想耽误你休息,我已经长大了!'"

"我晓峰说:'我一定好好学习,找个理想工作。妈妈,我要让你和我爸享福!妈妈,你放心吧,我绝不会像你和我爸那么辛苦挣钱!'"

"我觉得我晓峰是一个孝敬的孩子。"她说得斩钉截铁。空气中弥漫着一个母亲骄傲的气息。

至此，我已彻底清楚了她为什么会那么自信，也感受到了那份自信中的自豪。

采访结束时，她没有向我提出任何问题。的确，她不需要向我咨询任何教育方法，因为她的方法就是成功的方法。她的晓峰不仅尊重他们、感恩他们，而且学习成绩优秀。作为教育科研工作者，我的工作就是将众多像她这样的教育方法加以分析、提炼、验证，然后进行推广。而她已无师自通。

那么，她的家庭教育的成功秘诀到底是什么呢？

晓峰的父母更爱孩子吗？

从该城市的整体生活水平而言，这个家庭可以说是贫困的。古人云："贫贱出英才。"这里"贫贱"泛指贫困生活。那么贫困生活真的一定出英才吗？真的是贫困造就了晓峰吗？

斯坦福大学瑞尔顿教授（Reardon, Valentino, & Shores, 2012）发现，一个家庭的社会经济地位与其子女的学业成绩成正比。因为富裕家庭更有条件给子女提供更好的学习机会、更多的学习体验，他们的家庭也往往更稳定，父母也能有更多时间与子女相处，带孩子参加各种活动来丰富他们的生活和阅历。而从家庭教育到学校的师资力量、环境、设施和教学理念，贫困家庭的学生从一开始就处于不利地位，他们要付出更多的努力才能取得相近的成绩。

近年来，社会上出现的"不让孩子输在起跑线上"等这样一些倾向，反映出众多贫困家庭，甚至中等收入家庭的焦虑。

如果以父母的付出或投入为标准，那么晓峰父母的情况显然并非如此。他们既没有条件也没有能力像很多父母一样，给晓峰买来各种营养品，辅导孩子的功课，把孩子送进各种补习班，甚至想方设法送进名校。

然而，这位母亲对晓峰的温暖却不逊于任何家长，因为她尽了全力了。虽然生活清苦，但只要有点好吃的，妈妈都会留给孩子；虽然没有能力来辅导孩子，但母亲再忙，也会抽时间跟孩子聊天、谈心，分享自己的感受；虽然没钱把孩子送进各种补习班，但为了不影响孩子学习，夫妻俩晚上都不看电视。

无疑，晓峰的父母深爱着晓峰，这份爱对孩子的成长至关重要。但是，如果要说晓峰的父母比其他父母更爱孩子，也并不客观。

那么，到底什么才是这个家庭教育成功的秘诀呢？

分担家务的决定性价值

晓峰从6岁开始，洗衣、做饭、刷碗、擦地，这些家务样样都做。虽然14岁时功课很重，但每天仍坚持早上四点半起床，给妈妈做早饭。

研究（Li，2015，2016b，2017）显示，中国独生子女几乎普遍不做家务。父母大多认为让孩子做家务是浪费时间，会影响孩子的学习。为了让孩子全力以赴地学习、拿高分、进名校，父母甚至（外）祖父母几乎包办孩子的一切生活事务。孩子不仅不分担家务，甚至连自己的被子都不叠。

这种情况不仅出现在富裕家庭，很多贫困家庭同样如此。父母舍不得让孩子吃苦，可结果父母越付出、越爱护，孩子越依赖、越自私。近十余年来，全国大中小学铺天盖地的感恩教育表明了社会对这一现象的担忧。

让孩子分担家务，才是晓峰的家庭教育真正与众不同的地方。

那么，为什么让孩子分担家务会有这么重大的作用呢？我们首先需要借助社会学和心理学原理来简单说明。

社会公平理论（Rawls，1999；Rest，1979）认为，责权利对等是人类社会的基本准则，责任与权益总是相伴相生的，世界上不存在没有责任的权益。但是，责任就意味着付出，付出意味着舍弃和辛苦，而趋利避害、好逸恶劳是人的天性，说教往往没有多大效果。

因此，马丁·霍夫曼的行为内化理论（Hoffman，1979）指出，人类的这种天性只有在外力的强制约束下才能逐步得到抑制，其过程也注定是痛苦而漫长的。而日常家务是家庭生活的一部分，具有辛苦乏味和持续性两大特征，因而能够成为抑制孩子趋利避害、好逸恶劳的天性以及培养其责权利对等意识最好的磨具。

晓峰的例子充分验证了让孩子分担家务的价值。虽然这最初是生活所迫，但客观上父母早早地让晓峰分担家务，成功地帮助他养成了责权利对等的意识。同时，晓峰看到了父母为这个家庭的辛苦付出，感受到了他们对自己的爱，自然就会产生一种强烈的家庭责任感，这种责任感促使他体谅、关心父母，不怕辛苦、乐于付出，并激励着他刻苦学习，立志将来报答父母。

这样，孩子为父母付出的习惯就形成了。

类似晓峰的情况在我采访的家庭中虽不多见，但都呈现出同样的特征，我让女儿分担家务的经历也是这种情况。从女儿2岁开始，我和她妈妈就开始一点点训练孩子自己照顾自己，如收拾自己的玩具、洗自己的小件衣服和袜子、打扫整理自己的房间；进入小学一年级后，让孩子帮着择菜、做饭、刷碗。虽然孩子的功课很多，但学习再忙也需要休息。天天在书桌前坐着，做些家务正是另一种形式的休息和放松，让高速运转的大脑有个很好的调整。孩子每天都做大约半小时的家务，为家庭付出已成为她的生活习惯。

而做家务不仅没有影响女儿的学习，还越加激发出她的斗志。女儿的学习成绩几乎一直名列前茅，她最终考入澳大利亚一所名牌大学的精算师专业。现在她已大学毕业，就职于悉尼一家已上市的金融公司。

近十年来，在对国内一千余名中学生和一百余名家长进行的采访调研中，我发现每天适当做家务的孩子一般都能体谅关心父母，他们的学业水平也普遍较好。

其他大量的社会调研也证明了让孩子分担家务的巨大价值。比如，2014年，中国教育科学研究院对全国2万多名家长和2

万名小学生进行的家庭教育状态调查发现，在孩子专门负责一两项家务活的家庭里，子女成绩优秀的比例为86.92%；而认为"只要学习好，做不做家务都行"的家庭中，子女成绩优秀的比例仅为3.17%。

让孩子分担家务，不仅可以培养孩子的家庭责任感、对父母的感恩之心，而且对培养孩子的品质有很大的帮助。比如，美国瑞德博士（Rende, 2015；Rende & Prosek, 2015）等西方学者发现，要求孩子分担家务对培养孩子的责任心、同理心、生存能力和社交能力都有很大的帮助。2016年，哈佛大学公布了一项长达20年的调研报告（*Harvard Grant Study*）：爱干家务的孩子和不爱干家务的孩子，成年之后的就业率比例为15：1，犯罪率是1：10；此外，爱干家务的孩子离婚率低，心理疾病患病率也低。

甜蜜的劳动

我们付出勤奋收获知识，付出劳动得到收入，花钱享受美食，投入情感期待收获情感，这些都是人类天性使然，无可厚非。相对于付出，回报也大多遵循着等价交换的法则，往往是不得已而为之。而对父母之爱的回报——感恩是非等价的、主动自愿的，感受则是甜蜜的。

甜蜜的劳动（sweet labour）就是西方学者对孩子感恩父母行为的定性（Klein, Graesch, & Izquierdo, 2009）。甜蜜的劳动源于孩子已经与父母感同身受，在劳动过程中感受到了父母每天操持家务的辛苦和乏味。他们意识到偶尔做一次家务会很轻松，偶尔做一次饭也会很有趣，甚至可拍些照片拿出来炫耀。但每天都做同样的事情就大不一样，特别是在早上焦急忙碌和傍晚疲惫、烦躁时，不仅不会感到轻松有趣，而且还非常辛苦、乏味。如果孩子每天都在经历这样的辛苦、乏味，真切地感受着父母的付出，他们的观念自然就会发生变化。久而久之，他们就会日渐感恩父母的付出，就会培养出家庭责任感，也就会在为父母做事时产生幸福感。

对晓峰而言，早早起床把早饭做好就是一种甜蜜的劳动。早起做饭无疑是难受的、辛苦的，但是晓峰觉得，能给妈妈减轻一分辛苦是一种幸福，所以他不仅欣然地去做，而且还会在生活中处处体谅关心妈妈，如不让妈妈操心他的学习、给妈妈买肉饼等。

想一想我们自己或身边的人，经常陪伴在年迈父母身边的是不是那些从小做家务的孩子呢？我自身经历也是如此。记得在初中将自己偷偷省下买月票的钱贴补家用，高考落榜后在建筑工地打工时给家里拖回两袋刨花做引火用，工作后扛着单位分的煤气罐走了两站地给父母送去，到了大城市后就马上把父母接到身边，给他们买各种衣物、带他们去旅游，等等。做这些事情的时候，我心中都充满了强烈的幸福感。

我的女儿也同样如此，虽然我们身居两地，但她的关心、问候不断。每次来看望我们，她的主要活动空间就是厨房和饭厅，这是她的习惯。我们一再提醒她不要乱花钱，可她还是给我们买来了电动牙刷、最新款的时尚服装、休闲鞋，还给她妈妈买了好几个名牌包。她在用行动告诉我们：她能享受到的就一定要让父母也享受到！从她的行动中，我们能感受到她的幸福感。

每天做家务的孩子不仅为父母付出时会产生幸福感，而且还会在自己没有帮到父母时产生内疚感。他们不会将父母的付出视为理所应当，不会看到妈妈刷碗时仍玩着手机，不会在爸爸拖地时只是把脚抬起来，因为不帮一把手他们会有内疚感。长大后，当自己没能多花时间陪伴父母、没能更好地关心父母的生活、无力帮助父母减轻病痛时，他们都会产生内疚感，绝不会对父母的孤独、艰难和病痛熟视无睹、无动于衷。这是品质成长的必然结果。这种内疚感不仅存在于中国文化中，在不提倡孝道的美国也是如此。一项在美国进行的调研（Klein et al.，2009）就有类似的发现，当一个常做家务的12岁女孩被问到"你如果不帮父母做家务，会感觉如何?"时，她答道："我会感到内疚。"

前文中提到孩子只在乎眼前享乐、急功近利、习惯索取、不愿付出、不在乎别人感受等问题的根源，就在于父母没有培养出孩子的家庭责任感，没有培养出孩子为父母付出的习惯。而培养孩子这一习惯的巧妙方式，就是在孩子小时候要求他们每天分担家务。

让孩子分担家务就是培养孩子好品质的绝佳工具。做家务不仅能培养孩子的付出习惯、家庭责任感和对父母的感恩之心，而且能够激发他们的学习斗志。做家务是培养孩子感恩品质、帮助孩子心理健康成长的天然工具。

让孩子分担家务的价值毋庸置疑，但在具体操作时还需要注意适度、讲究方法。下一章将谈一谈分配家务的策略。

九、家务策略

我们已经知道了让孩子分担家务的价值，那么，可以让他们做哪些家务呢？让孩子做家务时又有哪些策略呢？

分担适当的家务

应该做哪些家务无疑必须考虑孩子的年龄。我根据培养女儿做家务的经验，并结合互联网上的"儿童做家务年龄对照表"，将孩子在9个月到13岁之间的家务安排列出如下，供参考：

- 9个月到2岁：把自己的脏尿布扔到垃圾箱里。
- 2~3岁：帮父母扔垃圾、取东西；帮着铺床；把自己的脏衣服放到装脏衣服的篮子里；浇花；在父母的监督下收拾自己的玩具，帮着父母清理污渍。
- 4~5岁：基本可以自己铺床，在父母的监督下摆桌子、拿筷子、摆盘子、清理桌子；购物回来，帮父母提一下轻的东西；喂宠物。
- 6~7岁：每天铺床，用吸尘器吸地、用拖把拖地，开始帮父母做饭，帮忙擦桌子、洗碗盘；基本可以收拾自己的房间。
- 7~12岁：可以独立做简单的饭菜、洗碗；清理洗手间；会用洗衣机。
- 13岁：独立做饭，清理厨房；洗衣服，擦玻璃，这时，基本上所有的家务活都有能力很好地完成。

中学生每周做家务的时间最好不要超过4小时，即每天半小时左右。这样，让孩子分担家务才不会影响他们的学习和娱乐。过多的家务一旦影响孩子的学习，剥夺孩子的娱乐时间，其效果往往适得其反。当孩子以为父母在利用自己而非培养自己的家庭责任感时，他们对父母的情感就会发生变化，感恩意识也就大打折扣了。

家务指导策略

万事开头难，打下好底子是关键。

刚开始，父母必须做示范和指导，并尽量具体。父母做完示范后，还要跟孩子确认一下有没有不清楚的地方，直到孩子说没有问题了，再让他们去做。像"把你的房间收拾好"这样含糊的指令会给4岁的孩子带来困惑，应该具体地要求孩子把玩具装进玩具箱里、把书放到书架上摆好等。嘱咐完，家长还要让孩子简单复述一下。

父母先不要追求完美。任何能力的培养都需要一个过程，特别是对于小孩子而言。如果孩子地扫得不够干净，袜子洗得不够彻底，桌子擦得不够亮，也不要去指责他们。要告诉他们哪些地方做得不好，让他们再做一遍，直到虽不完美，但也可接受为止。父母无需重做一遍，否则孩子会有依赖心理，下次就不肯认真去做了。

父母不要吝啬表扬，表扬会激发孩子的劳动热情。孩子每做完一项工作时，父母应该表扬孩子"真能干""你是爸爸妈妈的好帮手""知道关心爸爸妈妈了"，还可以在墙上贴上一个任务表，每次完成就给一颗小红星。

要让孩子觉得分担家务很重要。孩子渴望自己的价值被爸爸妈妈认可，要告诉他们：他们的帮忙让辛苦工作的父母有更多的时间休息或做其他的事情；他们的体谅和关心让父母感到温暖；他们的劳动让家里更加干净整洁，生活在这样的环境里，全家人的心情都更加舒畅了。

父母需要有坚强的意志，始终如一。一两天新鲜劲儿过后，孩子一般会偷懒，会缠住父母，央求父母说自己太累了，不舒服，能不能不做了。这时，除非孩子真的生病了，父母一定不能心软，需要以钢铁般的意志坚持要求孩子把该做的家务做完。

习惯养成是痛苦的，也需要一段时间，一旦放弃就会前功尽弃。但只要挺过这个阶段，孩子就习惯了。只有让孩子习惯每天做家务，家务的价值才能显现出来。

最后，父母不要忘了给孩子做个好榜样。父母自己要勤快，要做家务（除非工作太忙）。这样，孩子会觉得大家都是家庭成员，都应该做出自己的贡献。如果父母懒散，却要求孩子做家务，孩子自然就会觉得父母是在利用他们，会有抵触情绪，甚至产生反感。

意志的较量

这里不得不再次强调父母需要钢铁般的意志。

刚开始的时候，很多父母会嫌孩子干活太慢，与其说是让孩子帮忙，还不如说是给父母添乱。下面就是经常出现的场景：让孩子收拾碗筷和洗碗，他们却要么坐在桌边找各种话题跟父母聊天，能磨蹭一会儿是一会儿；要么说要写作业，没时间，表现得好像很无奈。

这时，要告诉他们，学习是讲究效率的，适当做家务会促进学习。然后，耐着性子，催促孩子早干完家务早开始做别的事情。而且，做家务的时候也可以聊天。

孩子终于动起来了。不过，看得出他们明显不细心、不用心，桌子擦得不净、碗筷洗得油腻腻的。看着这一团糟，有的父母终于忍无可忍，大喝一声："不用你了！"于是，自己三下五除二把活干完了，觉得与其让孩子干还不如自己做省时省力。不仅没有效率，而且大人孩子都不痛快，何必呢？从此以后，再也不想找这个"麻烦"了。

您的家中有没有出现过类似的场景呢？

要求孩子每天做家务，父母一定要有钢铁般的意志，这也孩子与自己的意志的较量。父母要清楚，孩子养成做家务的习惯是一个漫长而痛苦的过程。孩子会没话找话，拖延做家务，会表现出焦虑、烦躁，甚至会抱怨，但为了孩子的将来，父母一定要坚持住，不能让孩子输掉这场"意志之战"。

挺过这个痛苦的适应阶段，孩子熟练了，他们做家务的质量就会越来越高，速度也会越来越快，就可以收获到甜美的果实了：孩子不仅能在父母疲惫、生病或家庭出现意外变故的时候挺身而出，为父母排忧解难；而且孩子习惯了做家务，自身的品质也会得到巨大的提升，这会为他们的学习成绩和未来的事业发展提供巨大的动能。因此，父母一定要保持清醒：分担家务是为了培养孩子的品质，激发孩子学习的干劲以及为他们未来的事业成功打基础，这些远比减轻父母负担有价值得多。

简言之，父母要根据孩子不同年龄段的特点，从小就让孩子分担难易相当的家务。在培养孩子养成做家务的习惯上，要以身作则、示范指导，不必追求完美，要表扬鼓励孩子。特别需要注意的是，父母需要用钢铁般的意志去督促孩子，只有这样，才能培养出孩子每天做家务的习惯。

十、做家务有报酬吗？

很多父母想让孩子做家务，但看到孩子一百个不情愿，做起来拖拖拉拉，就用好处来刺激孩子："帮妈妈把碗刷了，给你5块钱。""你把自己房间收拾了，就带你去吃麦当劳。"

刚开始，父母发现给零花钱或其他报酬很管用，要求刷碗或收拾房间时，孩子痛快多了，不再那么拖沓了。他们觉得这种方法很好，特别是给零花钱，既可以培养孩子爱劳动的习惯，又帮助孩子认识到金钱的来之不易，反正都要给孩子零花钱，这么给零花钱不是一举两得吗？但一段时间过后，就会发现有些不对劲了：过去是父母给，现在成了孩子主动要，而且要得越来越多，5元涨到7元、10元……再后来他们发现，孩子只要干点活就要好处，连倒垃圾、给父母出去买份早点都要报酬。父母与孩子的关系变味了！

在我的访谈对象中，做家务给物质奖励的家庭非常多。中国和西方家庭都会犯同样的错误。

这不是在复制我自己吗？

一位来自黑龙江的母亲谈了她自己的感悟。

这位母亲说，她小的时候做家务是有报酬的。如果不给钱，她就不做家务。即便如此，她仍一直记得当看到其他小朋友在外面玩，自己却不得不在家洗碗、拖地时的情景，至今还愤愤不平。

成家后，有了儿子，她让孩子把地上的玩具收拾起来，也会习惯性地给点好处——给几块钱或答应买新玩具。但当儿子7岁时，她发现情况不妙。一次她跟儿子说："宝贝，帮妈妈把地扫了呗?"听到的是儿子"那你得给我十块钱"的答复。儿子居然开口要好处了。"这不是在复制我自己吗?!"她儿时的记忆瞬间被唤醒——即使孩子因此得到了零用钱,也会对父母不满。

于是,她决定改变,让孩子做家务不再有好处。刚开始时非常困难,儿子极其不情愿,但她的态度非常坚决。愿不愿意做,都必须做。她会在月初给孩子一些零花钱并告诉他,这是他这个月的零花钱,如果花完了,她不会再给。第一个月,儿子没几天就把钱都花光了,她没有拦着。此后的大半个月里,儿子做家务时数次央求她给点零花钱,她都坚决置之不理。第二个月,当儿子收到零花钱后,情况明显改观,他开始非常仔细地用钱了。三个月过后,儿子就习惯了。

"爸,我车险到期了"

给零花钱做家务不仅仅发生在一些中国父母身上,其实很多澳大利亚父母也是如此。

一位年逾七旬的澳大利亚大学教授告诉我,他有三个儿子,儿子们小的时候做家务都有报酬,如刷碗给2澳元,除草给5澳元。现在他们均离家去了布里斯班工作、结婚并买了房子。每年圣诞节,儿子们都带着各自的家庭到他在海边的房子度假。

一次,他去布里斯班办事,事先通知了三个儿子,并说要请他们一起到外面吃顿饭。结果,三个儿子不仅没有请老爸到他们家住,还欣然赴宴并让老爸结了账。

这位教授说,昨天刚接到小儿子的电话,告诉他"爸,我车险(每年的汽车保险费)到期了"。他跟小儿子说:"你明天就查一下你银行的账号。"言外之意是,我现在就给你转账,钱应该明天就到。他讲述的时候,语气里透露着一种作为慈父有实力能够照顾孩子的自豪。

当我讲解了做家务给孩子报酬会出现的种种问题之后,他陷入了沉默。

为什么不能有报酬

那么，到底为什么孩子做家务不应该有报酬呢？

首先，分担家务是孩子应承担的家庭责任和应尽的家庭义务。对家庭中每个成员而言，不仅应该享受家庭所带来的快乐、温暖、支持和帮助，而且也应该共同分担家庭的辛苦和责任，其中主要就是指家务。

诚然，孩子处在成长和学习阶段，父母应该承担家庭的主要责任。但是孩子随着年龄的增长、能力的增强，也应该越来越多地分担家务责任，做力所能及的家务是孩子对家庭应尽的义务。

如果父母一味依靠报酬来刺激孩子做家务，就会给孩子一种错觉：做家务是为了减轻父母的负担，满足父母的需要，父母给自己报酬是应该的。这样做不仅不利于培养孩子的家庭责任感，而且还将亲情变成了交易。

一旦把亲情变成了交易，孩子就只在乎钱和物质了。他们会把父母的付出看成父母应尽的责任，认为自己为家庭每做一点儿事情都是在帮助父母，都需要父母给予报酬，这样孩子就失去了感恩父母的意识。到了父母晚年的时候，孩子自然也就不存在回报父母的意愿了。

给报酬不仅会让孩子不懂感恩，而且还会削弱孩子做好事的动力。人不仅有利己主义倾向，而且也会有助人、希望他人快乐的美好愿望。父母付钱让孩子做家务，是在传递一种"无利不起早"的观念，这将极大地消减孩子因能为家庭、为父母做事而产生的那种幸福感和自豪感。

物质奖励会让孩子变得非常物质化，不再去考虑情感和道德因素。物质化环境中长大的孩子，不但幸福感低，而且婚姻常常会出现问题。

其实，爸爸妈妈的一个拥抱、一个亲吻、一个微笑，甚至只是在孩子的肩膀上拍一下，都是对他们的莫大褒奖。一句"你把所有的碗筷都洗了,有你这样的孩子真好!",已经足以给孩子带来巨大的自豪感和幸福感。

总之,父母不能通过报酬来鼓励孩子做家务,否则,会让孩子变得物质化,不利于培养孩子的家庭责任感和对父母的感恩之心。

参考文献

胡适，2011：《容忍与自由》，北京，法律出版社。

Adler, A., 1929, *The Practice and Theory of Individual Psychology*, London: Kegan Paul, Trench, Trubner and Co.

Adler, A., 1930, *The Education of Children*, Oxford: Greenberg.

Bandura, A., 1971, *Social Learning Theory*, New York: General Learning Press.

Bandura, A., 1985, *Social Foundations of Thought and Action: A Social Cognitive Theory*, New Jersey: Prentice-Hall.

Baumrind, D., 1968, "Authoritarian vs. Authoritative Parental Control," in *Adolescence*, 3 (11), 255-272.

Bookman, A., & Kimbrel, D., 2011, "Families and Elder Care in the Twenty-First Century," in *Future of Children*, 21 (2), 117-140.

Bowlby, J., 1965, *Child Care and The Growth of Love*, Harmondsworth: Penguin Books.

Bowlby, J., 1969, *Attachment and Loss*, New York: Basic Books.

Cameron, L., Erkal, N., Gangadharan, L., & Meng, X., 2013, "Little Emperors: Behavioral Impacts of China's One-child Policy," in *Science*, 339 (6122), 953-957.

Clark, L. A., & Watson, D., 1995, "Constructing Validity: Basic Issues in Objective Scale Development," in *Psychological Assessment*, 7 (3), 309-319.

Curzer, H. J., 2002, "Aristotle's Painful Path to Virtue," in *Journal of the History of Philosophy*, 40 (2), 141-162.

Daitch, C., 2011, *Anxiety Disorders: The Go-To Guide for Clients and Therapists*, New York: W. W. Norton & Company.

Deci, E. L., 1970, *The Psychology of Self-Determination*, Maryland: Lexington Books.

Donoghue, G. M., & Horvath, J. C., 2016, "Translating Neuroscience, Psychology and Education: an Abstracted Conceptual Framework for the Learning Sciences," in *Cogent Education*, 3 (1).

Duncker, K., & Lees, L. S., 1945, "On Problem-Solving. Psychological Monographs," in *General and Applied*, 58 (5), i-113.

Dweck, C. S., 2012, *Mindset: The New Psychology of Success*, London: Robinson.

English, J., 1992, "What Do Grown Children Owe Their Parents?" in N. S. Jecker (Ed.), *Ethics and Aging* (pp. 147-154), New Jersey: Humana Press.

Fisher, L., Ames, E. W., Chisholm, K., & Savoie, L., 1997, "Problems Reported by Parents of Romanian Orphans Adopted to British Columbia," in *International Journal of Behavioral Development*, 20 (1), 67-82.

Forward, S., 2002, *Toxic Parents*, New York: Bantam Books.

Ginott, H., 1969, *Between Parent and Teenager*, New York: Macmillan.

Glucksberg, S., 1962, "The Influence of Strength of Drive on Functional Fixedness and Perceptual Recognition," in *Journal of Experimental Psychology*, 63 (1), 36-41.

Heckman, J., 2011, "The Economics of Inequality: The Value of Early Childhood Education," in *American Educator*, Spring, 31-47.

Hoffman, M. L., 1979, "Development of Moral Thought, Feeling, and Behavior," in *American Psychologist*, 34 (10), 958-966.

Honig, A. S., 2009, "Understanding and Working with Non-Compliant and Aggressive Young Children," in *Early Child Development and Care*, 179 (8), 1007-1023.

Jung, C. G., 1921, *Psychological Types*, London: Routledge and Kegan Paul.

Keller, S, 2006, "Four Theories of Filial Duty," *The Phlosophical Quarterly*, 56 (223), 254-275.

Klein, W., Graesch, A. P., & Izquierdo, C., 2009, "Childen and Chores: A Mixed-Methods Study of Children's Household Work in Los Angeles Families," in *Anthropology of Work Review*, XXX (3), 98-109.

Kohlberg, L., 1964, "Development of Moral Character and Moral Ideology," in L. W. Hoffman & M. L. Hoffman (Eds.), *Review of Child Development Research* (Vol. 1, pp. 383-432), New York: Russell Sage Foundation.

Kohlberg, L., 1976, "Moral Stages and Moralization: the Cognitive Developmental Approach," in T. Lickona (Ed.), *Moral Development and Behavior: Theory, Research and Social Issues* (pp. 31-53), New York: Rinehart and Winston.

Li, S., 2013, "'Benevolence' of Confucianism in the Eyes of Australian High School Teachers," in *Asian Social Science*, 9 (11), 33-40.

Li, S., 2014a, "'All Good is of Parents' and Its Chinese Context," in *China Report*, 50 (4), 1-12.

Li, S., 2014b, "How to Make a Grateful Child: Reflection on Gratitude Campaigns in China in Recent Years," in *Sage Open*, 4 (4), 1-7.

Li, S., 2015, "Chinese Parents' Role Modeling: Promoting Gratitude," in *Childhood Education*, 91 (3), 190-197.

Li, S., 2016a, "Chores, Incubator for a Strong Parent-Child Relationship," in *Universal Journal of Educational Research*, 4 (10), 2493-2501.

Li, S., 2016b, "Household Chores in Gratitude Development in Children," in A. R. Howard (Ed.) *Psychology of Gratitude: New Research* (pp. 45-60), New York: Nova Science.

Li, S., 2016c, *A mechanism for Gratitude Development in a Child. Early Child Development and Care* (in press), London: Routledge.

Li, S., 2017, "The Nexus Between Routine Household Chores and a Filial Heart," in *Childhood Education*, 93 (1), 39-47.

Lu, Shi, 2009, "Liaoniangren de 9 Xing Renge yu Huli Yingdui"

("Nine Personality Types for the Elderly and Coping Style with Nursing"), in *Zhong Hua Nursing Education*, 6 (9), 427-429.

Maccoby, E. E., Martin, J. A., & Hetheringon, E., 1983, *Handbook of Child Psychology*, New York: Wiley.

Merrill, D. M., 1996, "Conflict and Cooperation among Adult Siblings During the Transition to the Role of Filial Caregiver," in *Journal of Social and Personal Relationships*, 13 (3), 399-413.

Nelsen, J., 1993, *Positive Discipline A-Z: 1001 Solutions to Everyday Parenting Problems*, California: Prima Pub.

Nelson, C., Fox, N., & Zeanah, C., 2013, "Anguish of the Abandoned Child," in *Scientific American*, 308 (4), 62.

Nelson, H. J., Kendall, G. E., & Shields, L., 2014, "Neurological and Biological Foundations of Children's Social and Emotional Development: An Integrated Literature Review," in *The Journal of School Nursing*, 30 (4), 240-250.

Ogden, J., 2007, *Health Psychology: a Textbook* (4th ed.), Maidenhead: Open University Press.

Peck, M. S., 2008, *The Road Less Travelled*, London: Rider.

Piaget, J., 1965, *The Moral Judgment of the Child* (M. Gabain Trans.), New York: Free Press.

Piaget, J., 1972, "Intellectual Evolution from Adolescence to Adulthood," in *Human Development*, 15 (1), 12.

Rawls, J., 1999, *A Theory of Justice*, Oxford: Oxford University Press.

Reardon, S. F., Valentino, R. A., & Shores, K. A., 2012, "Patterns of Literacy among U. S. Students," in *The Future of Children*, 22 (2), 17.

Rende, R., 2015, "The Developmental Significance of Chores: Then and Now," in *Brown University Child and Adolescent Behavior Letter*, 31 (1), 1-7.

Rende, R., & Prosek, J., 2015, *Raising Can-Do Kids: Giving Children the Tools to Thrive in a Fast-Changing World*, London: Penguin.

Rest, J. R., 1979, *Development in Judging Moral Issues*, Minneapolis: University of Minnesota Press.

Rutter, M., 1996, *Romanian Orphans Adopted Early Overcome Deprivation* (Special Report: International Conference on Infant Studies), (In Vol. 12, p. 1).

Ryan, R. M., & Deci, E. L., 2017, *Self-Determination Theory: Basic Psychological Needs in Motivation, Development, and Wellness*, New York: Guilford Publications.

Sarkisian, N., & Gerstel, N., 2004, "Explaining the Gender Gap in Help to Parents: The Importance of Employment," in *Journal of Marriage and Family*, 66 (2), 431-451.

Schulz, K., 2010, *Being Wrong: Adventures in the Margin of Error*, New York: Ecco.

Shuey, K., & Hardy, M. A., 2003, "Assistance to Aging Parents and Parents-In-Law: Does Lineage Affect Family Allocation Decisions?" in *Journal of Marriage and Family*, 65 (2), 418-431.

Skinner, B. F., 1938, *The Behavior of Organisms: an Experimental Analysis*, New York: Appleton-Century-Crofts.

Tolin, D. F., Frost, R. O., Steketee, G., & Fitch, K. E., 2008, "Family Burden of Compulsive Hoarding: Results of an Internet Survey," in *Behaviour Research and Therapy*, 46 (3), 334.

Vandenbroeck, M., de Vos, J., Fias, W., Mariett Olsson, L., Penn, H., et al., 2017, *Constructions of Neuroscience in Early Childhood Education*, London: Routledge.

Zelizer, V. A., 1994, *Pricing the Priceless Child*, New Jersey: Princeton University Press.